LE CROWDFUNDING

Cécile Palusinski

LE CROWDFUNDING

Que sais-je ?

À lire également en
Que sais-je ?

COLLECTION FONDÉE PAR PAUL ANGOULVENT

Solange Ghernaouti-Hélie, Arnaud Dufour, *Internet*, n° 3073.
Emmanuel Lazega, *Réseaux sociaux et structures relationnelles*, n° 3399.
Isabelle Barbéris, Martial Poirson, *L'Économie du spectacle vivant*, n° 3972.
Géraldine Lacroix, Romain Slitine, *L'Économie sociale et solidaire*, n° 4070.
Primavera De Filippi, *Blockchain et cryptomonnaies*, n° 4141.

ISBN 978-2-13-081127-5
ISSN 0768-0066

Dépôt légal – 1re édition : 2018, novembre

170 *bis*, boulevard du Montparnasse, 75014 Paris

Introduction

Depuis dix ans, le crowdfunding, ou « financement participatif », est une pratique de plus en plus courante, en France et à l'international. Il revêt différentes formes (don avec ou sans contreparties, prêt ou investissement en titres financiers) qui relèvent de dynamiques et de pratiques hétérogènes. Plusieurs facteurs ont contribué à son développement : l'avènement du Web 2.0 qui favorise l'émergence de communautés, l'essor de l'économie collaborative et du crowdsourcing, mais aussi la difficulté d'accès des entrepreneurs à des ressources financières, un vide restant à combler en particulier dans la chaîne des financements en phase d'amorçage. Alors que la succession des crises depuis les années 1990 a conduit à une prise de conscience des risques inhérents à la financiarisation de l'économie, les placements proposés dans le cadre du crowdfunding répondent à une volonté croissante des investisseurs de redonner du sens à leur épargne en la fléchant vers l'économie réelle et en contribuant au développement de leur territoire. Émerge ainsi une nouvelle génération de financeurs, les petits épargnants, qui investissent au côté des acteurs traditionnels du financement. Comme l'indique Financement Participatif France (FPF[1]), association des professionnels

1. Une liste récapitulant les principaux sigles employés dans les pages qui suivent figure en fin d'ouvrage.

du crowdfunding, le financement participatif devient alors « un véritable outil de démocratisation pour donner un sens et une réalité à la gestion participative directe des citoyens ».

CHAPITRE PREMIER

Le renouveau du financement participatif

I. – L'histoire du crowdfunding

Si le terme crowdfunding, ou « financement par la foule », est apparu récemment, sa pratique est ancienne et a revêtu de nombreuses formes à travers le temps, des campagnes de souscriptions aux actions de charité, en passant par les tontines, culturellement ancrées dans les pratiques communautaires de l'Afrique à l'Asie. Léopold Migeotte rappelle que « le monde grec ancien pratiquait déjà la souscription privée : des amis ou membres de confréries religieuses se cotisaient pour aider l'un d'entre eux, racheter un prisonnier, restaurer un sanctuaire ou un gymnase, consacrer une statue ou une offrande. Les Grecs initiaient également des collectes de fonds, à l'initiative de l'Assemblée, sous forme de contributions volontaires et gratuites, en vue d'un objet commun[1] ».

Quelques siècles plus tard, de grandes initiatives de financement participatif émergent. À partir du XVIIIe siècle, des auteurs, des écrivains, des compositeurs

1. L. Migeotte, *Les Souscriptions publiques dans les cités grecques*, Genève, Droz, 1992, p. 4.

ou des artistes, sollicitent des investisseurs pour soutenir leurs projets. C'est ainsi que Mozart offre des livres de partition signés de sa main à ceux qui acceptent de financer ses concertos joués à Vienne et que se développe en France la souscription pour le lancement d'ouvrages rares afin de financer les frais d'impression avant distribution.

Un peu plus tard, en 1875, Auguste Bartholdi organise une collecte de fonds pour la construction de la statue de la Liberté, impliquant une communauté de dizaines de milliers de contributeurs français et américains, particuliers et riches entrepreneurs. Du côté américain, le bras tenant la torche est présenté lors de l'exposition du centenaire de 1876 avec l'organisation de loteries, de ventes de cartes postales et de photographies, tandis que Joseph Pulitzer, fondateur du *New York World*, mène une campagne d'information auprès des classes moyennes et publie dans son journal le nom des donateurs. Côté français, la tête de la statue est exposée sur le Champ-de-Mars pour la Fête universelle de 1878, perpétuant ainsi le souvenir de l'indépendance américaine, tout en invitant les citoyens à soutenir le financement de cette œuvre érigée à la gloire de la liberté. À la même époque, à Barcelone, la construction de la Sagrada Família, œuvre de l'architecte Antoni Gaudí, est financée par des dons et des contributions collectés par la Fundació de la Junta Constructora del Temple Expiatori de la Sagrada Família, qui poursuit aujourd'hui encore sa mission d'administration et de financement de la basilique, grâce aux dons et à l'entrée payante des visiteurs.

Le recours au financement participatif se poursuit au XXe siècle. Après la Grande Guerre, l'État français décide d'accorder des subventions aux communes qui doivent trouver les financements complémentaires : souscriptions publiques auprès des citoyens, dons de communes marraines et des familles de soldats tombés au combat, organisation de manifestations payantes (bals, concerts, etc.), vente d'insignes commémoratifs ou tombolas. À cette époque déjà, les porteurs de projets ont bien compris l'intérêt de mettre en place une stratégie de communication axée sur des valeurs communes, en direction du grand public, des grands mécènes et de la presse.

Avec la démocratisation d'Internet en 1990, puis le développement du Web 2.0 dans les années 2000, de nouvelles perspectives s'offrent aux professionnels du financement participatif qui disposent désormais de nouvelles technologies de l'information et de la communication (NTIC) favorisant l'interaction entre utilisateurs. De fait, le Web 2.0 induit des effets de réseau, comme l'indique O'Reilly en 2003. C'est à la même époque que le terme « crowdsourcing » apparaît pour la première fois dans un article, « The Rise of Crowdsourcing » (juin 2006), de Jeff Howe, journaliste chez *Wired*, qui en donne la définition suivante : « Action de confier une tâche habituellement réalisée par un agent individuel à un groupe important d'individus indéterminé, sous la forme d'un appel ouvert ». Il y précise que, « si le travail n'est pas toujours gratuit, il coûte cependant moins que le paiement de salariés traditionnels, et qu'il ne s'agit pas d'externalisation mais bien d'appel à la foule pour réaliser une tâche avec une intention stratégique de production et de création de richesses »[1]. Selon lui, le crowdsourcing peut se décliner en plusieurs formes : le « crowdvoting », qui sollicite le vote de la foule ; la « crowdcreation », qui fait appel à son travail ; le « crowdwisdom », qui s'appuie sur l'intelligence collective et la sagesse de la foule ; et le « crowdfunding », qui fait appel à ses ressources financières et mobilise trois types d'acteurs (le porteur de projet, la foule qui contribue et un agent intermédiaire qui facilite la mise en relation entre les deux premiers). En soutenant les campagnes de crowdfunding, non seulement les contributeurs financent les projets, se substituant ainsi aux acteurs traditionnels du financement (banques, État, etc.), mais ils participent également aux campagnes de communication des porteurs de projet, en relayant et en partageant des informations auprès de leurs communautés. La campagne de crowdfunding permet aussi de collecter de nouvelles idées et des conseils, grâce aux commentaires laissés par les contributeurs sur la plate-forme, dans une logique qui s'apparente donc au crowdsourcing. Par ailleurs, toutes ces activités engrangent des métadonnées qui constituent une valeur d'usage pour les plates-formes de crowdfunding (Goasdoué, 2017) comme pour les porteurs de projets, s'inscrivant ainsi dans la définition du crowdsourcing, qui intègre l'intention stratégique de création de richesses. Il semble ainsi que le crowdfunding puisse être considéré comme l'hybridation de plusieurs formes de crowdsourcing (Onnée et Renault, 2014). Les plates-formes d'investissement en capital, comme WiSEED

1. Nous traduisons.

par exemple, subordonnent d'ailleurs la mise en ligne des projets proposés au vote du public.

Si la notion de crowdfunding paraît donc bien être rattachée à la notion plus globale de crowdsourcing, c'est en août 2006 que ce terme aurait été employé pour la première fois par Michael Sullivan qui indiquait, dans son blog Fundavlog, combien le financement par la foule est essentiel à la construction d'un projet.

Dans le dictionnaire Webster comme dans celui de Cambridge ou d'Oxford, le crowdfunding est défini comme l'action de solliciter des contributions financières auprès d'un grand nombre de personnes, et plus particulièrement de la communauté en ligne. Le *Cambridge Dictionary* y ajoute la notion de financement d'un projet à vocation économique, excluant ainsi de sa définition un pan du crowdfunding, celui du crowdfunding solidaire à vocation caritative, représenté sur les plates-formes de dons sans contreparties ou de prêts solidaires gratuits.

Alors que le crowdfunding connaît ces dernières années un essor sans précédent et que, en 2012, le magazine *Technology Review* du Massachusetts Institute of Technology (MIT) l'a considéré comme l'une des dix premières technologies émergentes, les plates-formes se multiplient dans des secteurs très différents et en réinventent les pratiques et les usages. Il porte en lui les valeurs de l'économie collaborative (partage, échange, transparence, etc.) et a contribué à démocratiser le financement de l'économie. S'il reste avant tout un outil de financement, il est également perçu et utilisé comme un outil d'étude de marché ou de communication, s'inscrivant dans un champ d'application qui dépasse très largement sa définition première. Les acteurs de la musique se sont, les premiers, emparés de cet outil de financement, avec des succès retentissants comme celui du groupe de rock anglais Marillion, qui a financé en 1997 une tournée aux États-Unis, ou celui de Grégoire, premier artiste français produit par un label participatif en 2008 (MyMajorCompany). Il n'a cessé depuis d'acquérir de nouveaux publics dans d'autres secteurs de la création, et plus largement de l'économie, avec la prise de conscience de la puissance des réseaux sociaux et de la possibilité pour le porteur de projet d'élargir son capital social. C'est ainsi que Barack Obama a collecté 150 millions de dollars pour le financement de sa campagne électorale, grâce à une mobilisation populaire sans précédent.

II. – Le marché du crowdfunding

Le financement participatif s'est imposé depuis quelques années. En 2014, les 1 250 plates-formes identifiées dans l'étude *Massolution Crowdfunding Industry 2015 Report* du cabinet américain Massolution, spécialisé dans les industries du crowdsourcing et du crowdfunding, ont collecté 16,2 milliards de dollars de par le monde. Les données recueillies dans le cadre de cette étude révèlent que les fonds levés le sont à 72,8 % par prêt, à 7,4 % par investissement, à 8,3 % par don sans contreparties et à 7,8 % par don contre récompenses. Le continent américain domine largement le marché mondial avec 50,7 % du volume de fonds collectés et une croissance annuelle de 82 %, devant l'Asie, qui représente 30,1 % du volume de fonds collectés, avec des perspectives de développement très importantes (+ 210 % entre 2014 et 2015). L'Europe occupe la troisième position, avec 18,8 % des fonds récoltés, cachant de fortes disparités entre les pays. Selon le rapport *Crowdfunding in the EU Capital Markets Union* de la Commission européenne publié en mai 2016, l'activité est concentrée dans un petit nombre d'États membres et dominée très largement par le Royaume-Uni. Dans son rapport *Crowdfunding : Mapping EU Markets and Events Study*, la Commission européenne a dressé un état des lieux du financement participatif en Europe en septembre 2015 : 510 plates-formes étaient alors identifiées. Le Royaume-Uni dénombrait le plus grand nombre de plates-formes (143 plates-formes, soit 28 % du nombre total dans l'Union européenne), suivi par la France (77 plates-formes, soit 15,1 %), l'Allemagne (65 plates-formes, soit 12,7 %), les Pays-Bas (58 plates-formes, soit 11,4 %) et l'Italie (42 plates-formes, soit 8,3 %). Une partie des projets européens étaient portée par des plates-formes non européennes, situées aux États-Unis, au Canada, en Nouvelle-Zélande, en Australie et en Chine. La cartographie de projets établie incluait à la fois les projets européens présentés sur les plates-formes de l'Union européenne ou par des plates-formes non européennes et des projets non européens proposés sur des plates-formes de l'Union européenne.

Les données recueillies en 2013 et en 2014 auprès des 193 plates-formes participant à l'étude (représentant 68 % du montant global levé) indiquaient que 2,3 milliards d'euros avaient été collectés par ces plates-formes sur la période, permettant de soutenir 206 908 projets européens, en provenance majoritairement du

Royaume-Uni, de France, d'Allemagne, des Pays-Bas et d'Espagne, avec un montant moyen collecté de 10 000 à 12 000 euros par projet. Les 16 054 projets non européens émanant principalement de Russie, des États-Unis, d'Inde et du Kenya, proposés sur des plates-formes de l'Union européenne, avaient de leur côté réussi à lever 77,8 millions d'euros. Le 3 mai 2016, le rapport *Crowdfunding in the EU Markets Union* indiquait que 4,2 milliards d'euros avaient été levés en 2015 sur l'ensemble des plates-formes de l'Union européenne, le secteur poursuivant une croissance rapide. Selon la Commission européenne, si le financement participatif reste cependant encore sous-développé, c'est à cause de l'absence de règles communes à toute l'Union européenne, ce qui entraîne d'importants coûts opérationnels et de mise en conformité pour les plates-formes qui voudraient exercer dans tout l'espace européen.

En France, le *Baromètre du crowdfunding en 2017* publié par le cabinet KPMG et l'association FPF confirme l'inscription durable du crowdfunding dans le paysage du financement. Avec une croissance de 44 % de fonds collectés entre 2016 et 2017, dont + 20 % pour le don, + 102 % pour le prêt et – 15 % pour l'investissement, il représente 336 millions d'euros de fonds collectés en 2017. L'intérêt du public pour le crowdfunding est grandissant : le nombre de financeurs de projets s'élève à 3,9 millions depuis le lancement des plates-formes, contre 2,6 millions fin 2016, soit une croissance de 50 %. Selon Stéphanie Savel, présidente de FPF, « cette croissance a été rendue possible grâce à l'ouverture du secteur à différents types d'outils financiers (émissions obligataires, minibons, titres participatifs, etc.) qui rendent accessibles aux particuliers des financements jusqu'alors réservés aux investisseurs professionnels et institutionnels, ceci dans le cadre d'une grande transparence et d'une traçabilité réelle, ce que les particuliers recherchent et trouvent sur les plates-formes ».

Selon le rapport *Massolution Crowdfunding Industry 2015*, le crowdfunding concerne aujourd'hui tous les secteurs de l'économie dont, en tout premier lieu, celui des entreprises et de l'entreprenariat, qui a levé à lui seul plus de 40 % du volume total du financement participatif mondial en 2014, suivi par le secteur humanitaire et des causes sociales (18,9 %), le cinéma et les arts de la scène (12,13 %), le secteur immobilier (6,25 %), ainsi que la musique et les arts de l'enregistrement (4,54 %). En 2016, selon l'association FPF, il représente en France 12 millions d'euros de fonds collectés pour les énergies renouvelables, 15 millions d'euros pour l'économie sociale et solidaire, 20 millions d'euros pour des projets culturels et artistiques, 55 millions d'euros pour des TPE et PME, 55 millions d'euros pour des projets immobiliers, 60 millions d'euros pour les start-up et entreprises innovantes, et 17 millions d'euros pour d'autres projets.

Le crowdfunding est donc un mode de financement en plein essor dans le monde. Son développement reste cependant très dépendant d'un accès stable au réseau Internet, les collectes de fonds étant réalisées sur des sites web dévolus à cette fin. Ainsi, si la tontine se réinvente en Afrique sous la forme d'un crowdfunding hybride, celui-ci reste marginal faute de stabilité des interconnexions. D'après Gwenaelle Oruezabala, l'une des solutions pourrait être de développer en Afrique, où le téléphone mobile est largement utilisé, le SMS-funding, avec des numéros surtaxés qui permettraient aux investisseurs de transférer leur contribution financière[1].

III. – Une nouvelle possibilité de financement

1. **Un mode de financement complémentaire aux modes de financement traditionnels ?** – Alors qu'il existe un réel problème de financement des jeunes entreprises innovantes en France et d'accès au crédit bancaire à l'amorçage, le crowdfunding apparaît comme un mode de financement complémentaire et peut avoir un effet de levier, permettant au porteur de projet de constituer l'apport nécessaire à l'obtention d'un crédit bancaire. Dans le secteur culturel en particulier, Adrien Aumont, cofondateur de KissKiss-BankBank, recommande ainsi l'établissement d'un plan de financement mixte. Il indique que s'il existe bien des dispositifs de financements publics dévolus à la culture, les banques, de leur côté, prêtent peu aux acteurs culturels. Le crowdfunding apparaît alors comme un dispositif de financement alternatif, notamment pour les petits projets originaux qui ne passent pas le barrage du guichet des banques de détails ou qui ne répondent pas aux critères d'éligibilité des aides publiques. Cette cohabitation du financement participatif et du financement bancaire corrobore les idées de l'économiste Jeremy Rifkin

1. G. Oruezabala, « Le crowdfunding en Afrique, une nouvelle génération de tontines », *La Tribune*, avril 2016.

qui, dans *La Société du coût marginal zéro*, prédit une cohabitation du capitalisme avec une nouvelle forme d'économie, l'économie collaborative, portée par un élan empathique de la foule. Le crowdfunding comme le crowdsourcing témoignent de la popularité croissante de l'économie de partage, qui s'appuie sur l'esprit collaboratif de la communauté.

Cependant, le mode de fonctionnement et les facteurs de motivation des contributeurs divergent selon les formes de crowdfunding (don avec ou sans contreparties, prêt rémunéré ou non, investissement en titres financiers). Si, pour les plates-formes de dons, la contrepartie attendue par les contributeurs n'est pas tant financière qu'affective, Hubert de Vauplane, avocat et collaborateur de la revue *Banque*, signale que le financement participatif évolue désormais vers une logique plus financière, comme en témoigne le développement des plates-formes de prêt et d'investissement. C'est ainsi, précise-t-il, que la terminologie utilisée pour désigner ces plates-formes a elle aussi évolué : on parle désormais d'*alternative finance* pour désigner un mode de financement alternatif au financement bancaire dont la logique est avant tout financière. Concernant les plates-formes de prêt rémunéré, la motivation principale des prêteurs est en effet la recherche d'un rendement supérieur aux placements traditionnels. Le profil des investisseurs sur les plates-formes d'investissement en titres est également révélateur : les fonds d'investissement et les institutions financières y sont de plus en plus présents, et les plates-formes d'investissement ont, comme dans les banques, une approche quantitative du risque de crédit, évalué par des équipes d'analystes, qui laisse penser qu'il y a peu à peu « refinanciarisation » du crowdfunding. L'écosystème du crowdlending, le prêt participatif, se renforce en intégrant de nouveaux acteurs financiers : c'est ainsi qu'au Royaume-Uni, des fonds d'investissement alternatifs (FIA) spécialisés en crowdlending ont vu le jour. Certains fonds, les fonds spécifiques, sont gérés par les plates-formes de crowdlending elles-mêmes, comme c'est le cas de Funding Circle SME Income ; d'autres sont gérés par des sociétés de gestion et investissent sur plusieurs plates-formes de crowdlending. En France, le fonds Prêtons Ensemble, monté en collaboration avec Eiffel Investment Group, finance des TPE et des PME à travers plusieurs plates-formes de prêts en ligne européennes, et propose ainsi à ses investisseurs institutionnels de générer des rendements attractifs en finançant l'économie réelle.

Avec l'évolution de la réglementation et le développement de partenariats entre les plates-formes et les acteurs traditionnels du financement, le crowdfunding, loin d'inaugurer un mouvement de désintermédiation financière, se révèle plutôt être une nouvelle forme d'intermédiation de marché, particulièrement adaptée aux sociétés non cotées.

2. **Vers une multiplication des partenariats entre les banques et les plates-formes de crowdfunding.** Ces dernières années, le rapprochement entre le monde bancaire et les plates-formes de crowdfunding s'est accéléré. Convaincues de l'intérêt de développer un écosystème de partenaires financiers complémentaires, les plates-formes de crowdfunding et les banques multiplient leurs collaborations sous diverses formes :

partenariat capitalistique ou commercial, abondement des campagnes, etc. Selon la Société générale, le développement du financement participatif révèle que les clients souhaitent accéder à des modes de financement « plus simples, plus transparents et plus traçables, qui prennent en compte l'impact du Web 2.0 et des réseaux sociaux ». En nouant un partenariat avec la plate-forme de crowdfunding SPEAR (Société pour une épargne activement responsable), qui permet à des épargnants de financer des projets à fort retentissement social, culturel ou environnemental, la banque a ainsi financé plusieurs projets à plus-value sociale et environnementale. SPEAR dépose l'épargne solidaire collectée à la Société générale, qui la reverse sous forme de prêt bancaire à taux minoré aux porteurs de projets, en garantissant transparence et sécurité aux épargnants qui choisissent l'affectation de leur épargne par l'intermédiaire de la plate-forme. Loin de s'opposer aux banques, les plates-formes de crowdfunding s'y associent de plus en plus pour proposer des offres combinées. En 2015, la plate-forme WiSEED a ainsi développé un partenariat commercial avec le Crédit coopératif. Alors que Stéphanie Savel, présidente de WiSEED, voit dans ce partenariat l'occasion d'identifier des projets en recherche de fonds que la banque ne peut satisfaire, le responsable des partenariats, de la recherche et du développement au Crédit coopératif, Erwan Audouit, entrevoit de son côté la possibilité de fournir un service supplémentaire à ses entreprises clientes en recherche de fonds propres, mais aussi à ses clients particuliers en quête de solutions de placement diversifiées. Dans une logique similaire, après avoir instauré en 2013 un premier partenariat afin de soutenir des créateurs à l'occasion d'opérations spéciales (un clic pour un projet) et de contribuer à une meilleure compréhension du crowdfunding (Ulule Tour), BNP Paribas et Ulule ont lancé en 2017 un nouveau dispositif de financement, et proposent aux porteurs de projets financés sur Ulule de bénéficier d'une offre mixant financement participatif et prêt bancaire. En plus de l'offre financière, la banque propose aux entrepreneurs de bénéficier d'un accompagnement personnalisé adapté aux besoins de leur activité et leur accorde la gratuité des services bancaires pendant un an. De son côté, le Crédit agricole a lancé en 2017 un nouveau dispositif de don innovant, « Je donne, ÇA double », avec la plate-forme de crowdfunding Commeon : en lançant un appel aux dons auprès de ses collaborateurs et sociétaires, la banque contribue à valoriser le patrimoine des régions françaises, avec comme finalité de développer l'activité économique, sociale ou culturelle au niveau local. Tout don effectué en ligne sur la plate-forme Commeon est abondé par le Crédit agricole.

D'autres banques s'engagent plus fortement encore sur la voie du crowdfunding en entrant dans le capital des plates-formes. Si le Crédit mutuel Arkéa est actionnaire à 35 % de Prêt d'Union, La Banque postale a annoncé en juin 2017 l'acquisition de l'intégralité du capital de KissKissBankBank. Le rachat de la plate-forme marque l'accélération de la stratégie digitale de la banque, Rémy Weber, président du directoire de La Banque postale, précisant que « KissKissBankBank, en tant qu'acteur agile et innovant, constitue un levier d'accélération pour déployer une plate-forme de services de fintech très variés qui permettront de relever les défis bancaires de demain[1] ». De son côté, la Société générale a racheté en 2018 la plate-forme de financement participatif Lumo qui propose des investissements verts aux particuliers et aux entreprises souhaitant utiliser leur épargne comme levier de rentabilité au service de la transition énergétique.

Il semble donc aujourd'hui que les banques, plutôt que de développer leur propre plate-forme de crowdfunding, optent pour la mise en place de partenariats avec les acteurs du financement participatif, dont les métiers d'animateur de communautés et d'accompagnateur de porteurs de projets restent un peu éloignés du cœur de métier du banquier. Ce faisant, elles élargissent l'éventail de l'offre proposée à leurs épargnants, sans entrer en concurrence directe avec les acteurs du marché du crowdfunding.

IV. – Un outil d'étude de marché

Le crowdfunding est un moyen de tester l'intérêt du public pour un projet et de l'enrichir grâce aux avis et aux commentaires laissés par les internautes sur les plates-formes. Dans le secteur culturel en particulier, le recours au financement participatif permet de disposer d'un retour du public avant la commercialisation du produit culturel, réduisant les prises de risque propres au secteur des industries culturelles et créatives. Ainsi, nombreux sont les jeunes porteurs de projets et créateurs qui voient dans les plates-formes de crowdfunding une vitrine et l'occasion de

---

1. « La Banque postale rachète le pionnier du "crowdfunding", KissKissBankBank », *Les Échos*, 29 juin 2017.

produire une première œuvre sans dépendre des producteurs traditionnels. Comme le souligne Agnès Alfandari, directrice du numérique à l'Institut français, le crowdfunding se révèle également efficace pour les porteurs de projets très pointus qui ne trouvent pas leur place dans les circuits de financements traditionnels, et favorise une culture de la diversité, où chacun a sa chance, avec des perspectives de diffusion décuplées grâce au changement d'échelle induit par le Web. La campagne de crowdfunding est alors un moyen pour le créateur de fédérer une communauté et de démontrer l'intérêt du public pour ses créations. Dans le cadre du système de la prévente, où le produit est au cœur des contreparties proposées, le porteur de projet peut s'assurer de l'accueil qui sera réservé à son produit avant même sa commercialisation, l'engagement des contributeurs sur la plate-forme étant un gage d'intérêt.

Depuis plusieurs années, le financement participatif est ainsi très présent dans l'industrie du jeu vidéo, tout particulièrement aux États-Unis, où plusieurs campagnes (*Star Citizen*, *Bloodstained*) ont collecté des millions de dollars, confirmant aux développeurs et aux studios l'intérêt des *gamers* pour leurs productions. En France, la campagne de crowdfunding « Noob, le jeu vidéo ! » a également atteint une somme record en Europe, avec 1 246 852 euros collectés sur un objectif de 90 000 euros. Selon Ulule, la plate-forme de financement participatif américaine Kickstarter a permis aux projets vidéo-ludiques de collecter à eux seuls 760 millions de dollars depuis 2009, ce qui en fait la catégorie la plus soutenue par les contributeurs sur la plate-forme.

Concernant ce secteur en particulier, l'intérêt de la campagne de crowdfunding réside avant tout dans la possibilité de mobiliser les *gamers* et de faire une étude de marché sur des projets où les budgets de développement sont conséquents.

CHAPITRE II

Le cadre réglementaire

I. – Le cadre réglementaire en France

Afin de favoriser le développement du financement participatif dans un environnement sécurisant pour les contributeurs, un cadre réglementaire a été établi en 2014, ainsi qu'un label, permettant au public et aux porteurs de projets de s'assurer que la plate-forme respecte bien les exigences de la réglementation française. L'ordonnance n° 2014-559 du 30 mai 2014 qui réglemente l'activité de crowdfunding a ensuite été complétée par le décret n° 2014-1053 du 16 septembre 2014, puis par l'ordonnance n° 2016-520 du 28 avril 2016 et par le décret n° 2016-1453 du 28 octobre 2016 relatif aux titres et aux prêts proposés dans le cadre du financement participatif.

Le règlement général de l'Autorité des marchés financiers (AMF) a également été modifié à la suite de la création des statuts de conseiller en investissement participatif (CIP) et d'intermédiaire en financement participatif (IFP) qui permettent aux plates-formes de prêts et d'investissement de déroger au monopole bancaire.

1. **Le conseiller en investissement participatif (CIP) et le prestataire de services d'investissement (PSI).** Le statut de CIP est réservé aux plates-formes

proposant un financement sous la forme de souscriptions de certains titres financiers émis par des sociétés non cotées et définis dans l'article L.411-2 du Code monétaire et financier, ou de minibons émis par une société par actions ou une société à responsabilité limitée (SARL) dont le capital est intégralement libéré. Les plates-formes ayant le statut de CIP doivent être immatriculées auprès de l'Organisme pour le registre unique des intermédiaires en assurance, banque et finance (ORIAS), et sont supervisées par l'AMF. À ce titre, elles doivent respecter des règles de bonne conduite et d'organisation. Elles sont invitées à mettre en place un site Internet d'accès progressif qui comporte plusieurs étapes avant que l'investisseur puisse souscrire l'offre, afin de s'assurer dans un premier temps qu'il comprend bien la nature de son investissement potentiel et les risques qui lui sont liés, puis, dans un deuxième temps, que l'offre correspond bien à ses connaissances en matière d'investissement, à sa situation financière, familiale et patrimoniale, ainsi qu'à ses objectifs en matière d'investissement. Enfin, au cours d'une troisième étape, la plate-forme doit communiquer aux potentiels investisseurs les informations fournies par l'émetteur. Si seuls les titres ayant fait l'objet d'un prospectus visé par l'AMF peuvent être démarchés, la plate-forme de crowdfunding sous statut CIP peut cependant faire de la publicité institutionnelle, si celle-ci ne concerne pas une opération en particulier. Il est également à noter que les plates-formes ayant le statut de CIP ou de PSI disposant d'un site Internet d'accès progressif peuvent être dispensées de la publication de prospectus pour les offres de titres financiers dans la limite d'un montant de

2,5 millions d'euros, calculé sur une période de douze mois, avec obligation de communiquer une information minimale aux investisseurs, selon l'article 217-1 du règlement général de l'AMF.

Les CIP ne peuvent pas exercer d'autres activités, à l'exception de l'IFP qui concerne les activités de prêt, rémunéré ou non, ou de don, sous condition de ne pas proposer de services de paiement.

Ces plates-formes peuvent aussi opter pour le statut de PSI, notamment si elles ont des projets de développement dans un pays membre de l'Espace économique européen (EEE) ou si elles souhaitent pouvoir proposer toutes les catégories de titres financiers. Il est à noter que les PSI peuvent proposer des offres de titres financiers pour un montant supérieur à 2,5 millions d'euros. Les plates-formes doivent justifier d'un capital minimum de 50 000 euros si elles ne reçoivent ni fonds ni titres et de 125 000 euros dans le cas contraire. Elles doivent être agréées par l'Autorité de contrôle prudentiel et de résolution (ACPR), après avis de l'AMF, qui définit les règles de bonne conduite et d'organisation pour les PSI.

2. **Les intermédiaires en financement participatif (IFP).** – Si la plate-forme de financement participatif propose un financement par le prêt, avec ou sans intérêt, ou par le don, elle doit être immatriculée en tant qu'IFP auprès de l'ORIAS, qui s'assure que les conditions d'honorabilité et de compétence professionnelle sont bien remplies. En outre, les IFP doivent souscrire un contrat d'assurance contre les conséquences pécuniaires de leur responsabilité professionnelle, avec un montant de garantie minimum de 250 000 euros

par sinistre et 500 000 euros par année d'assurance pour les plates-formes proposant des prêts, et de 100 000 euros par sinistre et 200 000 euros par année d'assurance pour les plates-formes proposant uniquement des dons. Les IFP peuvent faire la promotion de leurs activités dès lors que les informations chiffrées sont clairement communiquées, mais elles n'ont pas le droit de se livrer à une activité de démarchage. Par ailleurs, si les IFP encaissent des fonds pour le compte de tiers, ils doivent être agréés en tant qu'établissement de paiement (EP) par l'ACPR ou être enregistrés en tant qu'agent prestataire de services de paiement (APSP).

Sur ces plates-formes, les particuliers peuvent recourir au financement participatif par prêt rémunéré uniquement dans le cadre du financement d'un projet professionnel ou d'un projet de formation, dans des conditions définies dans le décret n° 2014-1053 du 16 septembre 2014. Si tel n'est pas le cas, alors ils peuvent recourir au financement participatif par don ou par prêt sans intérêts, à condition qu'il ne s'agisse pas d'un crédit à la consommation. Les plates-formes de financement participatif ayant le statut d'IFP doivent également respecter des règles de bonne conduite et d'organisation, comprenant notamment un devoir d'information à l'égard du public, et sont soumises au contrôle de l'ACPR.

Depuis le 1er octobre 2016, les plates-formes de financement par le prêt ayant le statut d'IFP ne peuvent plus proposer que des contrats de prêts, l'ordonnance du 28 avril 2016 ayant exclu les minibons du champ de l'intermédiation en financement participatif.

S'agissant des règles de cumul des statuts, un intermédiaire en financement participatif ne peut en principe exercer que cette activité, sauf exceptions : si la plate-forme fournit elle-même ses services de paiement et encaisse donc des fonds pour le compte de tiers, elle peut aussi être enregistrée comme agent prestataire de services de paiement, ou être agréée en tant qu'établissement de paiement par l'ACPR. Le cumul avec le statut de CIP n'est possible que si l'IFP ne propose pas de services de paiement, ce qui est souvent le cas, les plates-formes confiant généralement l'encaissement des fonds collectés durant leurs campagnes à un prestataire de services de paiement agréé.

Au demeurant, les IFP, comme les CIP, sont soumis à des obligations en matière d'assurance, de lutte contre le blanchiment des capitaux et le financement du terrorisme, conformément à l'article 24 de l'ordonnance n° 2014-559 qui a modifié l'article L.561-2 du Conseil des marchés financiers (CMF). Il est à noter que les statuts de CIP et d'IFP sont nationaux, ce qui restreint pour le moment le champ d'action territorial des plates-formes.

3. **Le label « Plate-forme de financement participatif régulée par les autorités françaises ».** – L'usage du label « Plate-forme de financement participatif régulée par les autorités françaises » permet d'informer le public que la plate-forme respecte bien le cadre applicable au financement participatif et qu'elle s'engage à respecter les conditions d'utilisation de la marque. Ce label est réservé aux IFP ainsi qu'aux CIP immatriculés à l'ORIAS et aux PSI agréés par l'ACPR. Ce label peut être apposé sur les pages du site Internet de la plate-forme et sur les supports promotionnels liés à l'activité de financement participatif.

En août 2017, un nouveau label, « Financement participatif pour la croissance verte », a été créé afin de qualifier les projets qui concourent à la transition écologique et énergétique des territoires. Il concerne toutes les formes de financement participatif (don, prêt, investissement) et permet aux épargnants qui souhaitent investir dans des projets respectueux de l'environnement de pouvoir identifier simplement ceux qui participent bien à l'économie verte. Douze plates-formes ont été sélectionnées (Tudigo, Miimosa, Lendosphère, Collecticity, Akuocoop, Enerfip, Kango, Lita, Lumo, We Do Good, Lendopolis et WiSEED), référencées sur le site du ministère de l'Économie, et peuvent labelliser les projets proposés par les porteurs de projets, sur la base de l'analyse d'un formulaire de candidature. Si le projet est inférieur à 15 000 euros, le porteur de projet doit décrire les répercussions de son projet sur l'environnement ; au-delà de ce seuil, il doit mesurer la contribution positive du projet à la transition énergétique et écologique.

4. **Des propositions en faveur du développement du financement participatif.** – Alors que le fléchage de l'épargne vers l'économie réelle apparaît comme un facteur de motivation important pour les contributeurs, FPF, association ayant pour objectif la représentation collective des acteurs du crowdfunding, a formulé en juillet 2017 des propositions, avec le soutien du cabinet Kramer Levin, visant à favoriser le financement de l'économie réelle ainsi que la création et le développement de projets associatifs, culturels, entrepreneuriaux, avec une reconnaissance de la prise de risque pour les contributeurs. Considérant que les modèles

utilisés pour la taxation des activités de crowdfunding peuvent sembler inadaptés aux spécificités des supports financiers proposés sur les plates-formes de crowdfunding, FPF suggère la mise en place de mesures fiscales incitatives pour les prêts rémunérés et l'investissement en capital ou en royalties. Concernant la fiscalité de l'investissement en capital, FPF propose d'appliquer une incitation fiscale plus importante pour les investissements réalisés dans des entreprises innovantes non cotées afin de soutenir le financement d'entreprises intervenant sur des marchés émergents ou répondant aux défis de la France. Des mesures pourraient ainsi être envisagées pour permettre aux particuliers qui investissent dans des titres non cotés de pouvoir compenser leurs pertes et leurs profits. FPF propose de mettre en place une réduction d'impôts sur les investissements en capital ou en royalties, sous réserve d'une détention des titres pendant cinq ans minimum. Les propositions formulées ont pour objectifs de flécher l'investissement vers les supports financiers utilisés par le crowdfunding (les titres non cotés, les minibons, le prêt, etc.) et d'étendre la négociabilité sur les plates-formes de prêts et d'investissement à tous les titres, dont ceux qui servent à financer les entreprises de l'économie sociale et solidaire. Selon Florence de Maupeou, coordinatrice générale de FPF, c'est de la mise en œuvre de dispositifs fiscaux attractifs que dépendra la croissance des plates-formes de prêts et d'investissement. Si la défiscalisation concernant le don est en effet intéressante en France, les mesures fiscales concernant le prêt et l'investissement restent encore insuffisamment incitatives, et en deçà des mesures fiscales mises en place dans d'autres pays.

Leader du secteur du crowdfunding en Europe, le Royaume-Uni a ainsi mis en place deux plans à l'échelle nationale, *Enterprise Investment Scheme* et *Seed Enterprise Investment Scheme*, qui introduisent un allègement fiscal important pour ceux qui investissent dans des sociétés par le biais des plates-formes de crowdfunding. D'autre part, le Royaume-Uni a choisi de ne pas plafonner les activités de financement participatif et impose aux neuf plus grandes banques britanniques de rediriger leurs clients qu'elles ne peuvent satisfaire vers au minimum trois plates-formes de crowdfunding. Bien conscient que le cadre du financement participatif est très réglementé et que le développement de ce secteur constitue une manne pour les entreprises dont les besoins ne sont pas toujours satisfaits par le système bancaire classique, le gouvernement français augmente peu à peu les plafonds de levée de fonds, tout en veillant à limiter les risques pour les contributeurs. Alors que le taux d'épargne des ménages français est le deuxième plus élevé en Europe, atteignant 15 % du revenu disponible, encourager fiscalement le prêt aux PME en prenant en compte le risque de crédit pourrait inciter les épargnants à débloquer leur épargne en faveur de l'économie réelle et à contribuer au développement des projets entrepreneuriaux.

Il semble d'autant plus urgent d'encadrer le crowdfunding par une réglementation plus favorable au développement des plates-formes de financement participatif que les géants du Web commencent à s'y intéresser. Après avoir lancé Fundraisers en 2015 qui permet aux associations de lever des fonds directement sur son réseau social, Facebook propose aujourd'hui aux personnes majeures de collecter des dons pour un projet personnel, dans des domaines aussi variés que l'éducation, les soins médicaux, les soins vétérinaires, l'aide humanitaire, les urgences personnelles ou les obsèques. Si les plates-formes françaises ne s'en alarment pas pour le moment, mettant en exergue la qualité de leur accompagnement des porteurs de projets, il est cependant difficile de mesurer les conséquences de l'arrivée de Facebook sur ce marché. Quoi qu'il en soit, les acteurs actuels du marché du crowdfunding auront sans doute intérêt, dans les années à venir, à investir significativement pour atteindre la taille critique nécessaire à leur développement dans un marché de plus en plus concurrentiel.

II. – Vers un cadre réglementaire européen

Le développement des plates-formes de crowdfunding suppose la mise en place d'un cadre réglementaire favorable. C'est ainsi que, dès 2012, le Congrès américain a décidé d'intégrer dans le JOBS Act (The Jumpstart Our Business Startups Act) un certain nombre de mesures, établissant un premier cadre légal au crowdfunding. En Europe, plusieurs pays, tels que la France, le Royaume-Uni, l'Allemagne ou encore l'Italie, se sont dotés d'un cadre réglementaire. De son côté, la Commission européenne s'intéresse depuis plusieurs années au crowdfunding dans le cadre de l'Union des marchés des capitaux (UMC), un plan d'action pour stimuler l'emploi et la croissance en Europe. Ce projet se propose de mieux relier l'épargne et l'investissement, et de renforcer le système financier en diversifiant les sources de financement (capital-risque et financement participatif).

En 2015, s'appuyant sur l'analyse de trois réglementations nationales en Italie (26 juin 2013 : régulation du crowdfunding d'investissement par la Commissione Nazionale per le Societa la Borsa), au Royaume-Uni (1er avril 2014 : régulation du crowdfunding par la Financial Conduct Authority, par la création d'un nouveau régime) et en France (30 mai 2014, décret d'application en octobre 2014 : régulation du crowdfunding et création de deux statuts particuliers), la Commission européenne a souligné, dans son rapport *Crowdfunding : Mapping EU Markets and Events Study*, la forte hétérogénéité des réglementations nationales. Les règles de protection de l'épargnant (obligations de transparence, fixation éventuelle d'un plafond en fonction des ressources, etc.), les seuils d'exemption de prospectus, ou encore les exigences de fonds propres pour les plates-formes, diffèrent fortement d'un pays à l'autre.

Si les pays ont d'abord voté des lois adaptées aux marchés locaux et à leur réglementation bancaire et financière nationale, avec pour objectifs communs le développement de cette nouvelle forme de financement et la limitation des risques qui lui sont associés, les lois nationales complexifient aujourd'hui le financement transfrontalier et l'harmonisation législative au niveau européen, comme le confirme le rapport élaboré pour la Commission européenne en décembre 2017 par le réseau European Crowdfunding Network (ECN). Se pose notamment la question de la différence de traitement fiscal selon les États membres.

Les plates-formes doivent ainsi s'adapter à la réglementation de chaque marché national ciblé et exercent donc dans les pays membres par l'intermédiaire de filiales, recourant à un partenaire chargé de collecter les investissements hors du pays, ou encore opérant sous licence européenne (MIFID : *markets in financial instruments directive*), ce qui rend plus délicat leur développement en Europe. L'enjeu de l'établissement d'un cadre européen semble donc essentiel alors même que, dans son rapport du 3 mai 2016 sur le développement du financement participatif dans l'Union européenne, la Commission européenne a souligné que, si les montants levés par financement participatif restent encore relativement modestes dans l'Union européenne, le crowdfunding pourrait toutefois devenir à long terme une source de financement importante des PME, à condition qu'il soit pleinement encadré.

Le 18 mars 2018, la Commission européenne a publié un plan d'actions (Fintech) visant à exploiter les possibilités offertes par les innovations technologiques dans le domaine des services financiers, afin de construire un marché financier européen plus concurrentiel et compétitif. Ce plan d'actions prévoit dix-neuf initiatives destinées à permettre aux modèles d'entreprises innovants de se développer, à favoriser l'adoption des nouvelles technologies, et à renforcer la cybersécurité et l'intégrité du système financier. L'une des actions majeures proposées est la mise en place d'une réglementation qui permettra aux plates-formes de financement participatif de se développer dans le marché unique de l'Union européenne grâce à la création d'un passeport européen. Les plates-formes de crowdfunding agréées pourront ainsi exercer dans toute l'Union européenne en se conformant à un ensemble unique de règles. Alors qu'en France le marché reste encore trop limité pour que la majorité des plates-formes soient rentables, pouvoir se développer au-delà des frontières est fondamental. Selon Valdis Dombrovskis, vice-président de la commission chargée de la stabilité financière, des services financiers et de l'union des marchés des capitaux, cette mesure permettra aux plates-formes de financement participatif de prêt ou d'investissement de gagner en envergure en Europe, avec la possibilité de mettre en relation l'épargne et les investissements dans toute l'Union européenne. Ce faisant, la Commission européenne espère pouvoir favoriser la mobilisation du capital en Europe pour financer les « jeunes pousses » et la création d'emplois et de richesses en Europe.

La mise en place de ce label européen prévoit la création d'un agrément *European crowdfunding services provider* (ECSP) que les plates-formes devront demander pour pouvoir s'étendre au-delà de leur marché national, la nomination d'un régulateur des activités des plates-formes à l'échelle européenne ainsi que le plafonnement à 1 million d'euros par levée sur douze mois pour les offres individuelles de financement sur les plates-formes. Si FPF est favorable à la mise en place d'une réglementation européenne, harmonisée, elle regrette cependant que la proposition ne soit pas adaptée au marché français, avec seulement 27 % des plates-formes membres de l'association susceptibles de pouvoir adopter ce statut. Elle a donc formulé plusieurs propositions d'améliorations, comme la distinction des plates-formes de prêts de celles d'investissement, le relèvement du seuil global à 8 millions d'euros, l'harmonisation des exigences en matière de communication et de commercialisation des projets, ou encore la fixation des conditions de cumul des statuts européens et nationaux.

III. – Les acteurs clés du crowdfunding

1. Financement Participatif France (FPF) et Association française de l'investissement participatif (AFIP)

(A) *Financement Participatif France (FPF).* – En France, l'association professionnelle des acteurs du crowdfunding FPF a été lancée en 2012 dans le but de mobiliser les candidats à la présidentielle et de les sensibiliser à l'importance de mettre en place une réglementation adaptée à ce secteur, avec un assouplissement de certaines réglementations boursières et fiscales. Un premier événement a été organisé au palais Brongniart pour présenter un manifeste signé par des plates-formes de crowdfunding mais aussi par des porteurs de projets, des contributeurs individuels, des *business angels*. Ce manifeste véhicule l'idée qu'« il faut faire connaître cette dynamique qui touche à l'économie et aux territoires » et qu'« il est nécessaire qu'un développement réel et serein de cette activité soit favorisé et non entravé par les règles communes ». Il souligne également l'importance des enjeux économiques, en rappelant que « la finance participative apporte des solutions à la crise et du sens à l'économie : financement de start-up, d'entrepreneurs, de projets de toute nature, et que ses potentialités sont immenses et sources de création d'emplois ».

C'est ainsi que deux ans plus tard, en 2014, Fleur Pellerin, alors ministre déléguée aux PME, à l'Innovation et à l'Économie numérique, a annoncé vouloir faire de la France le pays pionnier du financement participatif et qu'en octobre 2014 une réglementation adaptée au secteur du crowdfunding a vu le jour. À la suite de cette première mobilisation, l'association FPF s'est assigné plusieurs missions. Elle prétend ainsi à une représentation collective des intérêts du secteur et à la mise en place d'un cadre réglementaire favorable au développement de la finance participative par des actions de plaidoyer et de lobbying. Elle travaille à la mise à jour d'un Code de déontologie signé par les plates-formes membres de l'association, établissant des règles de transparence, d'éthique et de bonnes pratiques. Par ailleurs, elle veille à la conformité des plates-formes et à leur vigilance en matière de communication (indicateurs, etc.) et travaille à la promotion pédagogique du crowdfunding, à travers l'organisation d'événements, de séminaires, de formations sur des sujets aussi divers que la transition écologique et énergétique, l'économie sociale et solidaire, les partenariats territoriaux, l'immobilier, la blockchain, le crowdfunding en Europe et dans les pays en voie de développement, les start-up et l'innovation, avec des réflexions sur la mise en place d'outils adaptés aux spécificités de certains marchés ou territoires. L'association a créé des commissions de travail qui permettent aux membres de se rassembler au sein de petits groupes dont la réflexion porte sur des thématiques identifiées répondant aux besoins des plates-formes dans toute leur diversité : don, prêt ou investissement. L'association comptait en 2017 environ 150 membres, des plates-formes de crowdfunding mais aussi des personnes physiques ou morales intéressées par le sujet du financement participatif, des *business angels*, des chercheurs, des banques, des cabinets d'avocats et des structures de financement variées.

(B) *Association française de l'investissement participatif (AFIP).* – L'AFIP est une association créée en 2013 qui regroupe les acteurs du financement participatif destiné aux entreprises. Elle a pour mission de promouvoir le financement participatif en investissement et de fédérer les acteurs de ce secteur. Elle formule également des propositions dans le cadre de la réglementation sur le crowdfunding, en particulier sur la fiscalité de l'investissement en capital et sur le soutien de l'investissement en amorçage dans les start-up. En 2017, l'AFIP a formulé sept mesures que pourrait prendre l'État français en faveur d'un développement du financement participatif en investissement. L'association plaide notamment en faveur d'une réduction fiscale de 30 % pour un investissement dans une PME et de 50 % pour un investissement dans une start-up jusqu'à un plafond de 1 million d'euros, rejoignant en cela les recommandations formulées dans *Le Livre blanc de la défiscalisation des investissements dans les PME* rédigé par Happy Capital, site de crowdfunding qui suggère aussi d'autres mesures : mise en place d'un taux unique de déduction fiscale de 50 % afin de favoriser les investissements au capital des PME, exonération de l'impôt sur les plus-values de cession en contrepartie de la conservation des parts de la société pendant au moins trois ans au lieu de cinq aujourd'hui, possibilité pour les entreprises d'investir directement dans des entreprises de moins de sept ans en déduction d'une quotité de leurs impôts sur les bénéfices et possibilité pour l'investisseur de déduire les moins-values de cession directement de la base imposable de son impôt sur le revenu. Par ailleurs, l'AFIP suggère le lancement d'une campagne d'information sur le crowdfunding auprès du grand public.

2. **AMF, ACPR et ORIAS.** – D'autres associations jouent un rôle actif dans le domaine du crowdfunding. L'activité de financement participatif est en effet régulée par l'AMF et l'ACPR, qui doivent vérifier la conformité des plates-formes.

(A) *Autorité des marchés financiers (AMF).* – L'AMF, une autorité indépendante, a pour mission générale la régulation du marché financier français. Elle réglemente et surveille les acteurs et produits d'épargne soumis à son contrôle. Elle a d'ailleurs un pouvoir de sanction. Elle veille également à la bonne information des investisseurs grâce à son dispositif de médiation. C'est notamment elle qui accorde le statut de CIP aux plates-formes de crowdfunding immatriculées auprès de l'ORIAS et qui supervise leur activité. À ce titre, l'AMF publie des projets de textes, applicables sous condition de leur homologation par le ministre des Finances, et elle accompagne les plates-formes dans leur démarche d'immatriculation.

(B) *Autorité de contrôle prudentiel et de résolution (ACPR).* – L'ACPR est une autorité administrative adossée à la Banque de France, chargée de la surveillance de l'activité des banques et des assurances en

France. Elle a également pour mission de contrôler le respect des dispositifs de lutte contre le blanchiment des capitaux et le financement du terrorisme, ainsi que la protection de la clientèle des banques et des assurances. Elle est missionnée pour produire l'agrément pour les PSI et elle contrôle les IFP.

Dans le cadre de leur pôle commun, l'ACPR et l'AMF mènent des travaux conjoints afin d'améliorer la protection des clients et des investisseurs en financement participatif. Cette action commune a fait l'objet d'une communication en février 2018 auprès des différents professionnels, IFP, CIP et PSI. L'ACPR et l'AMF préconisent notamment une méthodologie de calcul des taux de défaillance qui permettrait aux clients d'apprécier la qualité des plates-formes sur la base de publications trimestrielles et annuelles homogènes qu'elles réaliseraient elles-mêmes. Les deux autorités recommandent également la mise en place d'un dispositif de gestion extinctive afin que les opérations de financement puissent être menées à leur terme en cas d'arrêt d'activité de la plate-forme. Enfin, elles rappellent les informations pertinentes à communiquer aux utilisateurs des plates-formes de crowdfunding et les grands principes de la commercialisation des produits financiers à la clientèle de détail, dont la mise en place d'un accès progressif à l'information sur les offres.

(C) *L'Organisme pour le registre unique des intermédiaires en assurance, banque et finance (ORIAS).* L'ORIAS est une association sous tutelle de la direction générale du Trésor qui a pour mission de répertorier les intermédiaires en France, en s'assurant qu'ils répondent bien aux critères nécessaires à l'exercice de leur activité. Depuis octobre 2014, il est chargé de l'enregistrement des plates-formes de financement participatif qui exercent l'activité de CIP, d'IFP et de PSI agréés par l'ACPR. Une recherche sur son site permet d'accéder à la liste de toutes les plates-formes immatriculées.

3. **BPI France.** – La Banque publique d'investissement (BPI), organisme français de financement et de développement des entreprises, offre des solutions de financement adaptées à chaque étape de la vie de l'entreprise. Elle a créé la plate-forme TousNosProjets.fr, moteur de recherche recensant les projets de crowdfunding des plates-formes sélectionnées par ses soins selon un cahier des charges précis, avec pour objectif de soutenir l'émergence en France du crowdfunding, ce qui permet aux contributeurs d'accéder en un lieu unique à toute l'offre de projets et de les sélectionner selon des critères thématiques ou géographiques, et aux porteurs de projets de choisir la plate-forme adaptée.

D'autre part, l'observatoire du crowdfunding de BPI France communique des statistiques sur le profil des projets et des porteurs de projets et permet de recueillir des informations sur les projets financés, en nombre et en montant, sur les taux de succès, ainsi que sur la durée moyenne des collectes par catégorie de projets (social, immobilier, environnemental, économique et culturel) pour chaque forme de financement (don, prêt et investissement en titres financiers).

CHAPITRE III

Les formes de crowdfunding

Le crowdfunding peut prendre plusieurs formes : le don avec contreparties (*reward-based crowdfunding*) ou sans contreparties (*donation-based crowdfunding*), le prêt rémunéré ou non (*lending crowdfunding*) et l'investissement (*equity crowdfunding*), qui répondent à des logiques très différentes.

La forme de financement participatif retenue par le porteur de projet dépend de l'importance de son besoin financier, mais aussi de l'âge de son entreprise et de la maturité de son projet. Le crowdfunding sous forme de dons est ainsi plus adapté à des projets en démarrage, pour les tester ou pour constituer le fonds de roulement de l'entreprise. *A contrario*, le crowdfunding sous forme de prêts s'adresse davantage aux entreprises plus mûres, capables de rembourser un crédit et justifiant d'états financiers permettant de vérifier que l'activité est viable. L'investissement en capital est plus approprié pour les entreprises à forte croissance qui ont un besoin de financement important destiné à assurer le développement rapide de leur structure.

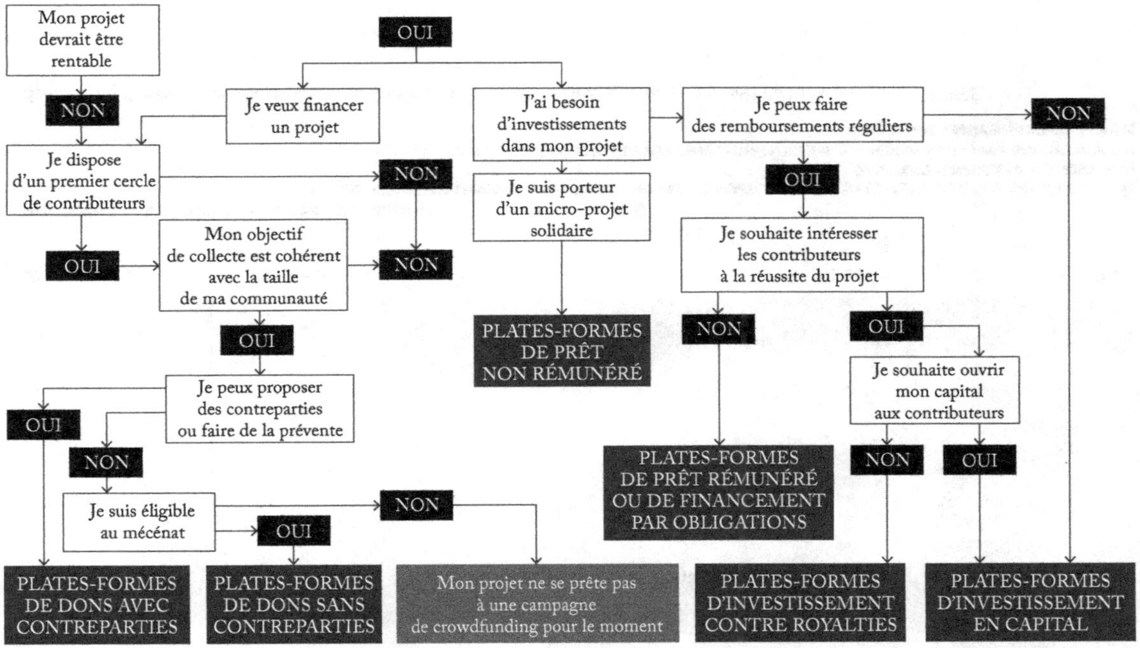

Source : *Ma campagne de financement participatif*, Auvergne-Rhône-Alpes, Livre et Lecture, contenu réalisé en partenariat avec Numered Conseil, 2018.

Segmentation par âge de l'entreprise

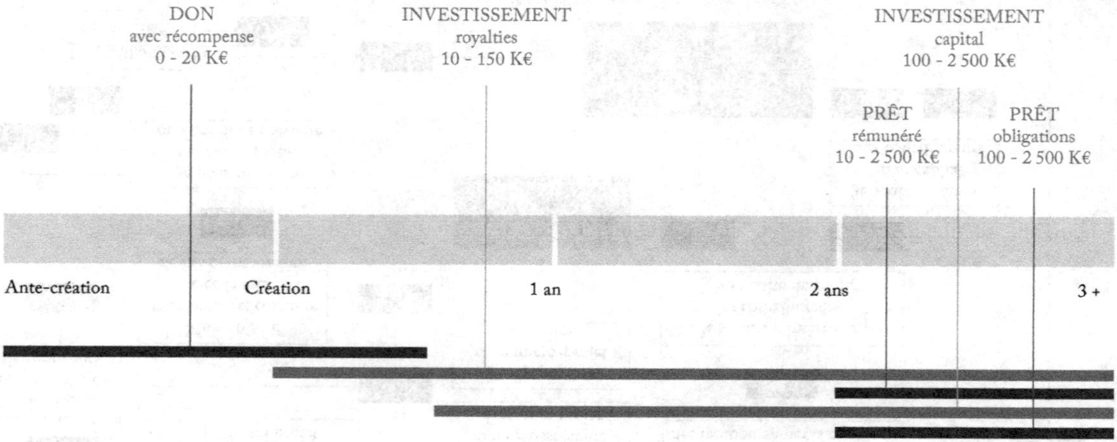

Source : http://www.trouverlebonfinancement.fr/segmentation-crowdfunding/ à partir des données du baromètre annuel de FPF.

Segmentation par montant levé

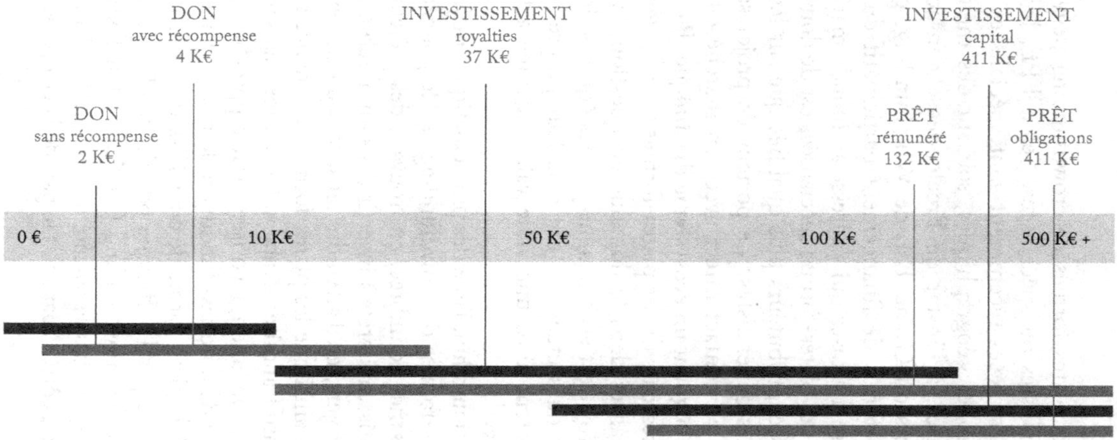

Source : http://www.trouverlebonfinancement.fr/segmentation-crowdfunding/ à partir des données du baromètre annuel de FPF.

Les plates-formes de crowdfunding peuvent être généralistes ou spécialisées. Selon FPF, les plates-formes créées récemment sont spécialisées soit sur des zones géographiques, soit sur des thématiques précises, à l'instar de Freelendease consacrée aux acteurs du Grand Est, de WineFunding, première plate-forme de financement participatif du vin, ou encore d'Ekosea qui s'adresse au monde marin. L'intérêt des plates-formes spécialisées est de donner accès à des contributeurs plus qualifiés que sur les plates-formes généralistes. Le porteur de projet se trouve ainsi en contact direct avec son marché cible, tout en rejoignant un écosystème dynamique. Par ailleurs, les créateurs de ces plates-formes étant généralement spécialisés dans le domaine en question, le porteur de projet est accompagné par des équipes de spécialistes du secteur qui ont déjà leur propre réseau et apportent ainsi une vraie valeur ajoutée à la plate-forme.

Aujourd'hui, l'une des problématiques majeures des plates-formes de crowdfunding est de poursuivre une croissance équilibrée, en trouvant des prêteurs et des investisseurs prêts à investir dans un nombre croissant de projets, et d'atteindre ainsi le seuil de rentabilité. C'est ainsi que les plates-formes de financement participatif françaises semblent être entrées dans une phase de consolidation, favorisée par le rapprochement entre le monde du crowdfunding et le monde bancaire. En 2017, la plate-forme de dons KissKissBankBank a été rachetée par La Banque postale, tandis que la plate-forme de crowdlending Credit.fr a fait l'objet d'une acquisition par la société de gestion Tikehau Capital. De son côté, Proarti fait le pari de la croissance externe et a racheté en 2018 la plate-forme Touscoprod.com, avec pour ambition de consolider son statut de plate-forme de financement participatif de référence pour la création artistique et d'accélérer sa croissance dans le domaine du documentaire, du court et du long métrages. La plate-forme Ulule parie quant à elle sur la croissance interne : elle a ouvert depuis 2010 des bureaux à Barcelone, Rome, Bruxelles et Montréal, et compte étendre sa présence à la partie anglophone du Canada.

Si toutes les plates-formes n'envisagent pas de s'allier à un grand groupe, nombreuses sont celles qui s'accordent à dire que la concentration du secteur est inévitable.

I. – Les plates-formes de dons

Les plates-formes de dons étaient jusqu'en 2014 – date de la réglementation sur le crowdfunding pour les plates-formes de prêts et d'investissement – les modèles de financement participatif les plus actifs en France. Elles peuvent proposer ou non des contreparties en échange des dons consentis par les contributeurs. Ces plates-formes bénéficient d'une notoriété importante, notamment liée aux campagnes « records » qu'elles ont menées, dont celle du chanteur Grégoire, première *success story* de la plate-forme MyMajorCompany en France. *Demain, le film*, annoncé comme le premier film qui réinvente le monde de demain à partir des meilleures solutions d'aujourd'hui, a levé sur KissKissBankBank 444 390 euros sur un objectif de 200 000 euros et a également contribué à la médiatisation de ce nouveau mode de financement en France. Avec 82,8 millions d'euros collectés en 2017 (68,1 millions pour les plates-formes de dons avec récompenses et 14,7 millions pour les plates-formes de dons sans récompenses), les plates-formes de dons représentent, selon le baromètre du crowdfunding publié par KPMG et l'association FPF, 24,6 % des fonds levés en France par le biais du crowdfunding, avec une croissance de 20 % de 2016 et 2017.

L'intérêt des plates-formes de dons est qu'elles s'adressent à tout porteur de projet, personnes physiques comme personnes morales, et qu'aucun plafond ne limite le montant à collecter par le porteur de projet ou le don réalisé par le contributeur. Si des secteurs économiques variés y sont représentés, on peut noter que ce mode de financement est particulièrement adapté aux projets de création et aux entreprises en phase d'amorçage. Le porteur de projet peut conserver son pouvoir décisionnaire, collecter des fonds tout en menant une campagne de communication, disposer d'un outil de financement simple et peu contraignant d'un point de vue administratif, et n'être commissionné qu'en cas de succès de la campagne.

1. **Les plates-formes de dons sans contreparties ou avec contreparties symboliques.** – Les plates-formes de dons sans contreparties sont adaptées aux porteurs de projets éligibles au mécénat. Si la loi du 1er août 2003 relative au mécénat, aux associations et aux fondations, dite « loi Aillagon », a favorisé le développement du mécénat en France, grâce à des mesures fiscales incitatives, les plates-formes de crowdfunding adaptées aux porteurs de projets éligibles au mécénat

ont favorisé l'émergence d'une nouvelle figure : le mécène 2.0. Le 9 décembre 2014, le ministère de la Culture et de la Communication a ainsi voulu célébrer ces nouveaux donateurs lors d'un événement, « Mécénat participatif : tous à l'œuvre », afin de leur donner un visage. Lors de la cérémonie de décoration de donateurs de la culture, la ministre Fleur Pellerin a remis une médaille à seize donateurs choisis pour avoir investi dans des projets de crowdfunding culturel. Le financement participatif a ainsi ouvert la voie à une participation plus forte des particuliers qui, par le don, deviennent mécènes ou philanthropes.

Les institutions publiques, qui sont désormais des acteurs de la recherche de fonds privés, ont également bien compris l'intérêt de recourir au financement populaire comme mode de financement pour l'acquisition d'œuvres d'art ou la restauration du patrimoine mais aussi comme outil d'animation de communautés culturelles et de médiation. Des campagnes de dons ont ainsi vu le jour à l'initiative des grandes institutions culturelles, notamment dans le secteur patrimonial, sur plusieurs plates-formes françaises, Ulule, KissKissBankBank, Touscoprod, MyMajor-Company, Proarti, Commeon ou encore Dartagnans. La Fondation du patrimoine, le musée d'Orsay ou le musée du Louvre se sont également emparés du crowdfunding depuis maintenant plusieurs années. En 2010, le Louvre a lancé le programme « Tous mécènes » pour l'acquisition des *Trois Grâces* de Lucas Cranach. Il s'agissait alors pour le musée de trouver la somme qui lui manquait (1 million d'euros) pour pouvoir acquérir ce chef-d'œuvre de la Renaissance allemande. Cette campagne d'appel aux dons eut une ampleur inédite puisqu'en un mois l'objectif de collecte était atteint grâce à la contribution de 7 200 donateurs.

Si les dispositions fiscales de la loi du 4 janvier 2002 relative aux musées de France, qui a créé des conditions favorables à l'entrée dans les collections publiques d'œuvres classées trésors nationaux, ont sans doute favorisé le mécénat de plusieurs entreprises, la campagne de communication lancée à l'occasion de l'opération de crowdfunding, avec des interviews de conservateurs témoignant de l'intérêt de conserver cette œuvre et de l'importance de rendre accessible à tous un chef-d'œuvre classé trésor national, a permis d'impliquer de nombreux citoyens français et étrangers, sensibles à la préservation d'un bien commun.

Ainsi, s'il semble que les appels des institutions publiques à la générosité collective ne soient pas forcément couronnés de succès, les appels à contributions pour un projet fléché semblent avoir un écho positif auprès d'un public soucieux de la transparence dans laquelle sont utilisés ses dons. Le programme « Tous mécènes » se poursuit aujourd'hui encore et a permis la restauration des trésors du Caire, l'acquisition d'œuvres classées trésor national et, en 2017, l'acquisition du *Livre d'heures* de François Ier. Le Club Innovation & Culture France (CLIC) propose de suivre les campagnes de financement populaire organisées au profit des lieux de patrimoine historique, artistique et scientifique français et, depuis le 4 mars 2016, établit un baromètre du financement participatif patrimonial. À la date du 31 décembre 2017, 2 584 314 euros ont été collectés sur les plates-formes de crowdfunding au profit des lieux de patrimoine historique, artistique et scientifique français, soit une augmentation de 189 % par rapport à 2016, avec un taux de succès de 61 %. Il faut noter que ce baromètre ne prend pas en compte les campagnes menées sur les plates-formes des institutions (Fondation du patrimoine, musée du Louvre, Fonds pour Paris, Centre des monuments nationaux, musées de Mulhouse). Or, le 31 janvier 2017, le musée du Louvre a atteint à lui seul 500 000 euros avec 3 744 donateurs pour sa campagne en faveur de la rénovation de la chapelle du mastaba d'Akhethétep.

D'un point de vue fiscal, ces campagnes sont attractives pour le contributeur dès lors qu'elles entrent dans le cadre du mécénat. Le mécénat est défini comme le soutien en numéraire, en nature ou en compétence d'une entreprise ou d'un particulier à une activité d'intérêt général, apporté sans contreparties directes, et peut concerner des domaines aussi variés que la culture, l'éducation, la santé, le sport, l'environnement, la recherche, le social ou l'humanitaire. Pour être éligibles au mécénat, les porteurs de projets doivent respecter plusieurs critères dont les deux principaux sont l'intérêt général et la gestion désintéressée. Sauf exceptions, ils doivent exercer leur activité en France et leur projet doit avoir un caractère non lucratif et ne pas fonctionner au profit d'un cercle restreint de personnes. Pour s'assurer qu'un organisme est éligible au mécénat, il est recommandé de recourir à la procédure de rescrit fiscal auprès de l'administration fiscale, afin d'éviter de s'exposer à une amende fiscale de 25 % du montant du don en cas d'émission de reçus illégaux permettant aux mécènes de bénéficier des avantages fiscaux prévus aux articles 200 et 238 *bis* du Code général des impôts.

La loi Aillagon permet aux entreprises et aux particuliers de déduire respectivement 60 % et 66 % de leurs dépenses de mécénat de leurs impôts, dans la limite de cinq pour mille du chiffre d'affaires hors taxe pour l'entreprise et de 20 % du revenu imposable pour le particulier. Dans les deux cas, l'excédent éventuel est reportable pendant cinq ans. Une réduction d'impôt s'applique également aux dons effectués en faveur de l'achat des biens culturels situés en France ou à l'étranger dont l'acquisition présenterait un intérêt majeur pour le patrimoine national au point de vue de l'histoire, de l'art ou de l'archéologie, après avis de la Commission consultative des trésors nationaux sur l'intérêt de l'acquisition du bien et sur sa valeur. Ainsi, une entreprise qui fait un don en faveur de l'acquisition d'un trésor national par l'État ou toute autre personne publique peut bénéficier d'une réduction d'impôt égale à 90 % de son don, plafonnée à 50 % de l'impôt dû par l'entreprise, au titre de l'exercice d'imputation.

Cependant, le dispositif en faveur du mécénat n'est applicable qu'aux versements effectués sans contreparties directes ou indirectes au profit des donateurs. Est admis par l'administration fiscale l'octroi de contreparties « institutionnelles ou symboliques » (titre honorifique, hommage symbolique, mention du nom du donateur, etc.) ou de contreparties tangibles (remise de biens et de prestations de services) sous condition qu'elles demeurent dans un rapport de 1 à 4 avec le montant du don et qu'elles ne dépassent pas la limite forfaitaire de 65 euros. À noter qu'à l'inverse du parrainage, l'opération de mécénat n'étant pas de nature commerciale, elle n'est donc pas soumise aux impôts commerciaux et en particulier à la taxe sur la valeur ajoutée.

(A) *Focus sur Proarti.* – Le fonds de dotation Proarti a été créé en 2009. Grégoire Harel, son fondateur, après plusieurs expériences dans le secteur culturel, fait le constat d'une insuffisance d'entreprises mécènes dans le secteur du spectacle vivant. Il crée alors son fonds de dotation avec pour objectif d'expérimenter de nouvelles formes de mise en relation du monde de l'entreprise avec les créateurs. Outil de financement au service de la philanthropie et du mécénat instauré par la loi n° 2008-776 du 4 août 2008 de modernisation de l'économie (LME, article 140), le fonds a pour vocation de recevoir, gérer, en les capitalisant, des biens et des droits de toute nature qui lui sont apportés à titre gratuit et irrévocable, et d'en utiliser les revenus en vue de la réalisation d'une mission d'intérêt général.

Ces revenus peuvent également être redistribués pour assister une personne morale à but non lucratif dans l'accomplissement de ses œuvres et ses missions d'intérêt général. En 2013, soutenu par le ministère de la Culture et de la Communication dans le cadre de l'appel à projets « Services numériques culturels innovants », le fonds de dotation Proarti lance la plate-forme Proarti.fr, première plate-forme française de mécénat participatif destinée à la création artistique et de découverte culturelle, créée dans la perspective d'associer à la fois des dons de particuliers et des dons d'entreprises. Le caractère innovant de Proarti.fr réside ainsi initialement dans sa forme juridique, qui l'autorise à recourir à la générosité du public et, en tant qu'acteur à but non lucratif, à émettre elle-même les reçus fiscaux qui permettent aux donateurs de bénéficier d'avantages fiscaux dès lors que les projets sont éligibles au mécénat.

Si l'idée initiale de prospecter des entreprises qui n'auraient pas le souhait de créer une fondation d'entreprise mais aimeraient investir dans le champ culturel en bénéficiant des avantages fiscaux du mécénat se révèle encore complexe à mettre en œuvre, il apparaît néanmoins qu'une part non négligeable des dons effectués sur la plate-forme émane aujourd'hui d'entreprises. Fort de ce constat, Proarti propose plusieurs services permettant aux porteurs de projets de prospecter au mieux les entreprises susceptibles de contribuer à leur campagne de crowdfunding. La plate-forme effectue un diagnostic préliminaire d'éligibilité du porteur de projet au mécénat (vérification des statuts et de la gouvernance de l'association, analyse du rapport d'activités et des comptes annuels, etc.) et, le cas échéant, se propose d'émettre les reçus fiscaux au nom de Proarti, le fonds de dotation endossant alors la responsabilité juridique en matière de fiscalité de l'opération. Les dons enregistrés sur la plate-forme transitent alors par les comptes de Proarti, avant d'être reversés aux porteurs de projets. Ce prédiagnostic est important dans la mesure où il va permettre au porteur de projet de définir sa stratégie de collecte de fonds, dans un cadre juridique et fiscal sécurisé. En contrepartie de la responsabilité juridique endossée par Proarti, le porteur de projet s'engage à présenter les justificatifs de ses dépenses.

Ainsi, contrairement aux autres plates-formes de financement par le don où le versement de la somme collectée au porteur de projet se fait à l'issue de la campagne, sans contrôle de l'emploi des fonds, Proarti verse au porteur de projet 80 % du montant collecté à l'issue de la campagne et le solde sur présentation d'un état des dépenses. En conséquence de quoi, dans le cas très spécifique de Proarti, les contributeurs ont l'assurance d'un emploi des fonds tel que spécifié dans la présentation de la campagne. Si la plate-forme de crowdfunding est au cœur du projet de Proarti, elle n'en est pas, souligne Grégoire Harel, la finalité, l'objectif plus général de la structure étant d'accompagner les artistes et les acteurs culturels : c'est ainsi que Proarti offre de multiples services aux porteurs de projets et acteurs culturels, avec Proarti School (formations), Proarti Studio (production de vidéos), mais aussi des services d'ingénierie culturelle et de coproduction de projets artistiques, dans une logique de diversification des ressources financières. Un accompagnement est également proposé aux porteurs de projets afin d'aborder au mieux la dimension fiscale et mécénale de leurs projets : conseil sur la conception des contreparties proposées dans le cadre de la campagne de crowdfunding, eu égard aux limites fixées par l'administration fiscale, sensibilisation aux chiffres clés du mécénat en France et à l'intérêt de prospecter des PME, dans une logique de proximité territoriale avec le porteur de projet.

Selon le baromètre du mécénat d'entreprise 2016, publié par l'Admical, les TPE et les PME représentent en effet respectivement 72 % et 25 % des mécènes. Il est intéressant à cet égard de noter les grandes évolutions du mécénat en France qui attestent l'intérêt grandissant des entreprises pour un engagement citoyen. C'est ainsi que François Debiesse, président de l'Admical, témoigne que le mécénat irrigue désormais tous les secteurs de l'intérêt général (social : 22 % ; culture : 15 % ; éducation : 14 % ; sport : 12 %), et majoritairement en soutien à un projet local ou régional (81 %) dans lequel l'entreprise pourra vraiment s'impliquer. Selon lui, « la société vient de franchir un grand pas. L'investissement croissant des entreprises dans des initiatives d'intérêt général, malgré un contexte économique déprimé, montre qu'un vrai changement sociétal est en marche [...]. L'entreprise de demain sera engagée ou ne sera pas ».

(B) *Focus sur Dartagnans.* – Dartagnans, plateforme de crowdfunding se consacrant au rayonnement et à la préservation du patrimoine, de l'art et de la culture en France, a été créée en 2015, à l'initiative de Romain Delaume et Bastien Goullard, qui nourrissaient l'ambition de fédérer un écosystème autour du patrimoine et de créer des liens entre les porteurs de projets patrimoniaux et des financeurs, particuliers, entreprises et institutions publiques. Témoins d'une dégradation du patrimoine français, en particulier des châteaux et des monuments, et convaincus de la nécessité de profiter des synergies entre culture et tourisme, les biens patrimoniaux ayant valeur d'attractivité, les cofondateurs ont choisi de créer une plate-forme spécialisée dont l'objet est double : aider les acteurs du patrimoine, de l'art et de la culture à trouver des financements, avec une vision économique du patrimoine, et leur permettre de se moderniser en « apportant du numérique dans l'historique » en leur proposant des services innovants (numérisation du patrimoine en 3D, réalisation de vidéos, création de sites Internet, événementiel culturel et communication numérique).

C'est ainsi que l'association Adopte un château a réalisé sur la plate-forme la plus grande campagne de crowdfunding en Europe avec 1,6 million d'euros collectés pour sauver le château de La Mothe-Chandeniers et la participation de 18 355 contributeurs du monde entier. Pour cette campagne, une box inédite « Ma part du château » à 60 euros a été éditée, comprenant une part du château avec une carte de membre à numéro unique et la possibilité de la personnaliser afin d'en faire un cadeau original à offrir. Au-delà des réductions fiscales, Bastien Goullard témoigne que les contributeurs, attachés à la préservation du patrimoine, voient également dans ces campagnes la possibilité de vivre une expérience exceptionnelle dans un lieu insolite, ce qui expliquerait l'engouement des jeunes contributeurs (75 % de 25-54 ans et 15 % de 15-24 ans) pour ce secteur qui, traditionnellement, fait l'objet d'investissements de publics plus âgés. La plate-forme propose deux types de campagnes : AON (*all or nothing*) ou par paliers pour les gros projets, et incite les porteurs de projets à recourir aux services de la plate-forme de manière régulière afin d'assurer l'entretien régulier des lieux patrimoniaux. Dans sa logique de prospection de lieux patrimoniaux à sauvegarder, Dartagnans mène aujourd'hui une veille dans d'autres pays européens.

2. **Les plates-formes de dons avec contreparties (*reward-based crowdfunding*).** – Elles concernent des projets pouvant proposer des contreparties en nature intéressantes ou pouvant recourir à la prévente, avec une part significative de projets culturels. Ce mode de financement permet également au porteur de projet de tester son produit auprès du public et de réaliser ainsi une première étude de marché. Les plates-formes prélèvent une commission généralement de 8 % TTC, uniquement en cas de succès de la collecte.

(A) *Focus sur KissKissBankBank.* – KissKissBankBank a été créée en 2010 par Ombline Le Lasseur, Vincent Ricordeau et Adrien Aumont, et compte aujourd'hui parmi les principales plates-formes européennes de dons avec contreparties. L'idée de sa création germe en 2008 sur la base de plusieurs constats d'Ombline Le Lasseur, qui travaille alors depuis dix ans dans l'industrie musicale. Le secteur musical, aux prises avec la mutation numérique, est menacé par le développement des échanges de fichiers musicaux sur des réseaux *peer to peer* (P2P), pour un coût marginal quasiment nul, alors que de nouveaux comportements de consommation culturelle naissent (écoute en ligne, etc.), remettant en question le modèle économique existant. Les artistes ont de plus en plus de mal à signer avec les labels, qui doivent affronter la crise de l'industrie du disque. Parallèlement, les réseaux sociaux, dont le réseau social Myspace qui héberge de nombreuses pages de groupes de musique ou de DJ capables de créer de fortes communautés de fans, laissent entrevoir la possibilité de voir naître un circuit court et une relation directe entre l'artiste et son public. Par ailleurs, la création de

Facebook en 2004 et l'engouement très rapide du public pour ce réseau social généraliste confirment son intérêt à partager des choses intimes sur les réseaux sociaux, dont ses coups de cœur culturels. Forts de ces constats, les associés de KissKissBankBank décident de créer une plate-forme de crowdfunding qui permette aux fans de soutenir financièrement leurs musiciens préférés (albums, tournées, etc.), tout en créant un lien d'intimité entre l'artiste et son public.

Alors qu'à cette époque d'autres plates-formes fondées sur une financiarisation des industries culturelles émergent dans le monde, l'équipe fait le pari de miser sur un modèle reposant sur la relation émotionnelle forte entre l'artiste et ses fans, avec la conviction que d'autres secteurs que la musique, comme l'édition, le cinéma, la presse, le spectacle vivant, pourraient avoir besoin d'une solution similaire pour financer la création. KissKissBankBank est devenue aujourd'hui une plate-forme multi-spécialiste de dons avec contreparties qui couvre toutes les disciplines créatives (édition, mode, design, sport, artisanat, arts visuels, journalisme, etc.).

(B) *Focus sur Ulule.* – Ulule a été créée en 2010 par Alexandre Boucherot et Thomas Grange et a permis, depuis son lancement, le financement de plus de 24 000 projets créatifs, innovants ou solidaires, dont environ 60 % dans le secteur culturel. La plate-forme est devenue en quelques années le premier site de financement participatif européen, avec un taux de succès annoncé de 65 %, fruit d'un développement de l'accompagnement des porteurs de projets, de la préparation de la campagne jusqu'à son aboutissement.

L'équipe d'Ulule est composée d'experts sectoriels (mode et artisanat, solidarité, culture geek, musique, vidéo, édition, etc.). Ils effectuent une présélection des projets proposés, avec un taux d'acceptation d'environ 50 %, puis conseillent les porteurs de projets tout au long de la campagne. La plate-forme propose également aux porteurs de projets des formations gratuites en ligne et leur donne accès à des appels à projets lancés par des partenaires qui leur assurent un soutien complémentaire, sous forme d'abondement financier à la collecte, de relais de visibilité ou d'accompagnement.

C'est ainsi que Fleury Michon soutient des projets qui contribuent à la qualité de notre alimentation par des dons pouvant aller jusqu'à 3 000 euros par collecte et par l'accompagnement d'un parrain Fleury Michon pendant un an. Comme l'indique Arnaud Burgot, directeur général d'Ulule, ces différentes actions d'accompagnement, de formations, de développement actif de partenariats, portent leurs fruits et, peu à peu, la communauté d'ululeurs se consolide : ainsi, 12 % des projets lancés en 2017 l'ont été par des porteurs ayant déjà fait une campagne sur Ulule tandis que 37 % des gens qui ont fait des dons sur la plate-forme avaient déjà contribué dans le passé.

Aujourd'hui, Ulule se développe à l'international, en particulier dans les pays francophones, avec des bureaux à Barcelone, Rome, Anvers et Montréal.

3. **Le financement participatif en *tips* (pourboires).** Alors que les plates-formes de dons permettent le financement d'un projet spécifique, une autre forme

de crowdfunding a émergé qui permet aux porteurs de projets de s'assurer une rémunération régulière. Ce modèle de financement participatif par le pourboire s'est plus particulièrement développé dans le secteur de la création et ne fixe ni de durée de collecte ni objectifs à atteindre, le but étant pour les créateurs de solliciter leurs communautés pour qu'elles les soutiennent tout au long de leur démarche de création. Créée en 2013, la plate-forme américaine Patreon a lancé le concept en proposant aux créateurs de s'assurer un salaire grâce à la communauté de leurs fans, à travers des contributions mensuelles modestes. En France, la plate-forme Tipeee propose aux internautes de soutenir la réalisation de contenus culturels disponibles gratuitement sur Internet, en laissant à leurs créateurs préférés un « pourboire » unique ou récurrent (par contenu ou par mois). Elle prélève à ce titre une commission de 8 % TTC sur les sommes perçues mensuellement. Chaque créateur crée une fiche avec présentation de son travail et les internautes peuvent contribuer librement, à hauteur de ce qu'ils souhaitent et pour la durée qu'ils souhaitent, et modifier à tout moment leur promesse de pourboire. Par ailleurs, afin de fédérer et de remercier leurs tipeurs, les créateurs peuvent leur proposer des contreparties exclusives et originales. On y trouve aujourd'hui des créateurs de BD, des youtubers, des podcasters, des blogueurs, des éditeurs de fanzines, qui fournissent du contenu gratuit et récurrent. Grâce à ce mode de financement, ils peuvent compter sur des ressources régulières et travailler dans de bonnes conditions sur des projets planifiés sur le long terme. D'autre part, pour de nombreux youtubers, le financement participatif par pourboires, est également un mode de financement alternatif à la monétisation des vidéos sur YouTube et leur permet d'être plus indépendants. Usul, ancien chroniqueur de jeux vidéo et producteur de vidéos, dont une nouvelle série de vidéos informatives, *Mes chers contemporains*, a ainsi pu collecter 9 867 euros par épisode, et Curry Club perçoit 3 982 euros par mois pour la production d'une web-série.

Plates-formes de dons en France

Blue Bees : agriculture et alimentation écologiques.
Cocoricauses : ruralité dans son ensemble.
CoFundy : projets ayant un retentissement social, culturel ou économique en Afrique.
Collecticity : plate-forme dévolue aux collectivités locales et à leurs structures intermédiaires.
Commeon.com : site de mécénat participatif (anciennement Culture Time).
Dalendo : au service de la création de valeur durable pour les porteurs de projets.
Dartagnans : rayonnement et préservation du patrimoine et de la culture en France.
Fosburit : sport.
Freelendease : porteurs de projets en Alsace-Lorraine et Champagne-Ardenne.
Fundovino : univers du vin.
Graines d'actions : projets bourguignons et francs-comtois d'utilité sociale.
GwenneG : projets bretons.
Humaid : personnes en situation de handicap.
J'adopte un projet : projets économiques du territoire picto-charentais.
Kengo.bzh : projets des Bretons et de la Bretagne.
Kickstarter : projets créatifs.

KissKissBankBank : créativité et innovation.
KOCORIKO : projets 100% alpins.
Ma Belle Tribu : initiatives citoyennes et solidaires en région.
Mafinancelocale.fr : développement économique local.
MiiMOSA : acteurs de l'agriculture et de l'alimentation.
OZÉ : plate-forme territoriale créée dans le département de la Manche.
Proarti : plate-forme de mécénat participatif favorisant la création artistique et la découverte culturelle.
Tributile : plate-forme destinée aux entreprises et associations dont le sens et la portée du projet profitent à tous.
Tudigo (ex Bulb in Town) : référence du financement et de l'investissement de proximité en France.
Ulule : porteurs de projets innovants, créatifs, solidaires ou à portée collective.
Zeste : transition écologique et citoyenne.

Source : liste établie par l'auteur à partir des sites https://tousnosprojets.bpifrance.fr/ et http://financeparticipative.org/

II. – Les plates-formes de prêts

1. **Le prêt solidaire et le prêt rémunéré.** – Le financement participatif sous forme de prêt revêt deux formes : le prêt solidaire sans intérêts destiné à des projets modestes et à des micro-entrepreneurs, souvent situés dans des pays en voie de développement, et le prêt rémunéré réglementé par l'ordonnance n° 2014-1053 du 16 septembre 2014, entrée en vigueur le 1er octobre 2014. Le financement participatif sous forme de prêt, hors obligations et minibons, représente en 2017, selon le baromètre du crowdfunding, 20,5% des montants collectés par le biais du crowdfunding en France, avec une croissance de 70% de 2016 à 2017 portée par le

financement participatif par prêt rémunéré, le prêt solidaire étant en léger recul (2,8 millions d'euros en 2017, 3 millions d'euros en 2016). Il couvre des réalités assez différentes : le P2P lending, où les particuliers prêtent aux particuliers, le P2B lending, où les particuliers prêtent aux entreprises, ou encore le prêt interentreprises qui s'est développé grâce à la création, en 2016, des minibons qui permettent aux entreprises de se financer auprès d'autres entreprises.

Les prêts non rémunérés fonctionnent comme des microcrédits à taux zéro pour lesquels les prêteurs sont remboursés sans aucun profit. Seule une commission comprise généralement entre 3 et 6 % est prélevée par la plate-forme. Les plates-formes de prêts non rémunérés s'adressent aussi bien aux personnes morales qu'aux associations, aux fondations reconnues d'intérêt général et aux particuliers.

À la suite du décret du 1er octobre 2014, la législation autorise le prêt avec intérêts, avec des limites et sous condition que la plate-forme ait obtenu le statut d'IFP. Les plates-formes de prêts rémunérés s'adressent aux personnes morales et aux particuliers agissant à des fins professionnelles ou pour financer une formation initiale ou continue. Elles offrent au prêteur un versement d'intérêts à échéance régulière, en contrepartie du risque pris. Afin de s'assurer *a minima* de la pérennité du porteur de projet et de sa capacité à rembourser, la plupart des plates-formes exigent que les entreprises emprunteuses justifient d'au moins deux exercices comptables clos. Concernant la détermination du taux, deux méthodes cohabitent : certaines plates-formes, comme Credit.fr ou encore Lendopolis, fixent elles-mêmes le taux d'emprunt selon la durée de l'emprunt et du risque lié au projet ; d'autres, comme Unilend ou Finsquare, proposent aux prêteurs d'indiquer le taux souhaité et un système d'enchères permet à l'emprunteur de faire son choix parmi les propositions de prêts.

Si le rendement affiché par le crowdlending est attractif, de l'ordre de 4 à 12 %, dans un contexte où les taux d'intérêt sont historiquement bas, il est essentiel pour le prêteur d'analyser les risques associés, certaines plates-formes affichant des taux de défaut significatifs. Le blog Crowdlending.fr, qui a lancé le premier agrégateur social de projets de crowdlending afin de permettre aux potentiels investisseurs et prêteurs de s'appuyer sur les avis des autres membres pour choisir et financer un projet, permet notamment de suivre le taux de défaut des plates-formes, qui, en avril 2018, est de 0 % pour les plates-formes les plus performantes et de 31,25 % pour la plate-forme ayant connu le plus d'incidents, plusieurs plates-formes connaissant des taux supérieurs à 10 %. Il est à noter que le taux de défaut s'est dégradé depuis juin 2017, passant d'un taux moyen de 7,56 à 9,02 %. Une exception toutefois : les plates-formes spécialisées dans les énergies renouvelables maintiennent un taux de défaut nul. Mais la rentabilité d'un produit financier et les taux d'intérêt attractifs ne sont-ils pas la contrepartie naturelle du risque pris par l'investisseur ? Alors qu'une entreprise sur soixante en France connaît des incidents de paiements (FIBEN, 2014), la seule solution qui s'offre aux plates-formes pour réduire ce risque est de veiller à une sélection rigoureuse des dossiers, notamment sur la base de leurs états financiers. Concernant le plafond d'emprunt, il a été fixé, dans le cadre du décret du

28 octobre 2016, à 2,5 millions d'euros pour les plates-formes ayant opté en faveur du statut de CIP et qui proposent des minibons, et est resté inchangé à 1 million d'euros pour les IFP. Sur les plates-formes ayant opté pour le statut d'IFP, les prêteurs particuliers peuvent prêter 5 000 euros par projet si le prêt n'est pas rémunéré, et 2 000 euros par projet si le prêt est rémunéré.

Si les plates-formes de prêts s'adressent aujourd'hui à tous les secteurs économiques, certains d'entre eux restent encore peu présents, dont le secteur culturel. S'agissant du champ culturel, Adrien Aumont, cofondateur de KissKissBankBank, pointe du doigt les difficultés de lisibilité des bilans des entreprises culturelles (caractère aléatoire des subventions, bilans « en dents de scie », etc.) et une vision encore tenace de la culture qui relèverait de l'associatif et du subventionnement. Non perçus comme des entrepreneurs économiques à part entière, les porteurs de projets culturels sollicitent donc très peu les plates-formes de prêts, convaincus que leur demande sera rejetée. S'agissant de la plateforme Lendopolis, créée par le groupe KissKissBankBank, Adrien Aumont précise que les porteurs de projets font majoritairement des demandes de financement de l'immatériel, souvent non satisfaites par les établissements bancaires traditionnels qui, s'ils sont bien structurés pour répondre aux besoins de financement du matériel, le sont beaucoup moins dès lors qu'on parle d'immatériel.

Dans le cas d'investissements immatériels, la garantie de la banque ne peut pas en effet être adossée à l'objet immatériel financé, rendant ce financement plus risqué, sauf à ce que la banque s'appuie sur des systèmes externes de garantie, le chef d'entreprise apportant alors pour partie sa caution personnelle. D'autre part, les acteurs traditionnels du financement, pour apprécier l'investissement immatériel, s'appuient généralement sur l'information comptable et financière ; or, ces investissements immatériels sont essentiellement des dépenses enregistrées en compte de charges et n'apparaissent donc pas en tant que tels dans une catégorie d'actifs identifiés. C'est ainsi que, jusqu'à la naissance des plates-formes de prêts rémunérés, les entreprises choisissaient de financer leurs dépenses immatérielles (financement du recrutement, de la formation, du développement commercial, de la communication, du marketing, etc.) majoritairement par capital-investissement ou par autofinancement.

Si la direction générale des entreprises (DGE)[1] réfléchit aujourd'hui à l'élaboration de référentiels extra-comptables qui permettraient d'identifier et de valoriser les actifs immatériels de l'entreprise, avec pour objectif de permettre une valorisation, au sens large, de l'ensemble du patrimoine de l'entreprise, les plates-formes de crowdfunding ont bien saisi l'opportunité de répondre à ces besoins non satisfaits par les établissements bancaires. Aussi les plates-formes de prêts aux entreprises, comme Lendopolis ou encore Unilend, distribuent-elles aujourd'hui des prêts sans garantie, mais avec un taux de rémunération plus élevé, justifié par une prise de risque plus importante. Selon Lendopolis, les trois quarts des campagnes présentées sur les plates-formes

1. La direction générale des entreprises dépend du ministère français de l'Économie et des Finances.

de crowdlending sont dévolus au financement de ces besoins immatériels. Il n'est d'ailleurs pas rare, signale Adrien Aumont, que les banques mettent aujourd'hui leurs clients en relation avec Lendopolis pour ce type de demandes, permettant ainsi aux entreprises clientes d'accéder à un financement mixte entre fonds propres, dette bancaire et crowdlending, dans une logique de recours à une pluralité de financeurs en fonction du type de besoin de financement.

Si les montants collectés par l'intermédiaire des plates-formes de crowdlending restent encore modestes à l'échelle du marché du crédit, il semble que les perspectives de développement du crowdlending soient importantes. Le porteur de projet qui souhaite faire financer ainsi son projet agit en tant qu'emprunteur et doit établir un contrat avec chaque prêteur. L'IFP lui remet alors un contrat de prêt type, régi par des dispositions spécifiques précisées dans l'article R.548-8 du Code monétaire et financier. Le taux d'intérêt, fixe sur la durée du prêt, est déterminé par le contrat conclu avec chaque prêteur et ne peut excéder le taux d'usure fixé par la Banque de France. Ce taux se situe généralement entre 4 et 12%. En outre, la plate-forme de financement participatif prélève une commission de l'ordre de 3 à 7% du montant prêté, en cas de réussite de la levée de fonds. Certaines plates-formes facturent également un pourcentage de frais de gestion de l'ordre de 1% sur la base du capital restant dû. Avant de présenter le projet sur la plate-forme, l'IFP se sera préalablement assuré que le porteur de projet est en mesure de rembourser l'ensemble des prêteurs et aura communiqué dans un document synthétique les caractéristiques du prêt (contrat de prêt type).

Compte tenu du risque inhérent au financement participatif sous forme de prêt, et afin de favoriser le développement du crowdlending qui finance l'économie réelle et permet aux particuliers de soutenir les PME, le législateur a prévu, pour les personnes physiques, une déductibilité des pertes causées par un emprunt, des intérêts engrangés par d'autres emprunts, dans la limite de 8 000 euros par an, à la condition que les emprunts aient été souscrits sous forme de contrat de prêt ou de minibons.

2. **Les minibons et les obligations.** – Depuis 2016, le gouvernement a voté différentes mesures visant à dynamiser le crowdfunding par le prêt. Les prêts participatifs prennent désormais des formes diverses : contrats de prêts, obligations simples, ou encore bons de caisse, sous la forme de minibons. Bon de caisse modernisé par l'ordonnance n° 2016-520 du 28 avril 2016, le minibon est un titre nominatif et une nouvelle forme de prêt engageant l'emprunteur à rembourser le capital assorti des intérêts, à échéance déterminée, *a minima* trimestrielle, sur une durée maximum de cinq ans. Il peut être proposé par les PSI ou les CIP. Émis par des sociétés par actions (SA, SAS, etc.) ou par des SARL de plus de trois ans ayant entièrement libéré leur capital, dans la limite de 2,5 millions d'euros sur douze mois, ils peuvent être souscrits, sans plafond, par des personnes physiques ou morales.

La création des minibons a ainsi permis aux SARL de trouver de la trésorerie et de favoriser l'émergence du financement interentreprises. La création du minibon permet aussi aux plates-formes de crowdfunding de proposer un produit cessible et compatible avec la technologie de la blockchain, registre centralisé qui assure l'enregistrement partagé des transactions, ouvrant ainsi la voie d'un marché secondaire pour le financement non coté. Les investisseurs pourraient ainsi profiter d'une meilleure liquidité de leurs placements. Les minibons sont également un moyen pour les entreprises de placer leur trésorerie à un taux intéressant alors que, dans le contexte économique actuel, les particuliers comme les entreprises cherchent à diversifier leurs placements. Ils permettent aussi aux entreprises de financer l'économie réelle, les responsables de TPE/PME étant sans doute sensibles à l'idée de solidarité interentreprises.

Comme les autres formes de crowdfunding, le crowdfunding obligataire permet l'accès des PME aux financements non bancaires. Les investisseurs deviennent des obligataires de l'entreprise pour une période déterminée et touchent à ce titre une rémunération sous forme d'intérêts, mais sans avoir aucun pouvoir décisionnaire dans l'entreprise. Deux formes de remboursement du capital sont possibles : soit en une fois à la fin de la période d'investissement (obligations avec remboursement « *in fine* »), soit à la même fréquence que les intérêts du capital (obligations avec remboursements échelonnés). Alors que les PME ne pouvaient jusqu'alors se financer que par prêts bancaires, soumis à des contraintes fortes liées à la crise et à la peur de risque d'insolvabilité ou d'illiquidité, la création de ces nouvelles formes de financement est une aubaine.

Le financement participatif par émission d'obligations a connu, selon le baromètre du financement participatif publié par KPMG et l'association FPF, une croissance de 157 % en France entre 2016 et 2017, témoignant de l'intérêt qu'il représente pour les PME qui, dans le cadre de démarches administratives simplifiées, peuvent ainsi accéder à un financement alternatif au financement bancaire. Les plates-formes de crowdfunding pourraient à terme intégrer la technologie blockchain à leur plate-forme afin de créer un marché secondaire de l'obligation pour les PME financées par le financement participatif.

Plates-formes de prêts en France

AgriLend : filière agricole et viticole.
AkuoCoop : financement des centrales de production d'énergie verte bénéficiant du savoir-faire des équipes d'Akuo Energy.
Anaxago : entreprises innovantes.
Babyloan : microcrédit solidaire.
Blue Bees : agriculture et alimentation écologiques.
Bolden : PME.
ClubFunding : émission d'obligations simples à taux fixe émises par des PME françaises.
Collecticity : collectivités locales et leurs structures intermédiaires.
Credit.fr : plate-forme mettant en relation des emprunteurs qui souhaitent financer un investissement et des particuliers qui veulent diversifier leurs placements.
Edukys : prêts étudiants.
Enerfip : transition énergétique.
Les entreprêteurs : plate-forme de proximité destinée aux entreprises.
EuroRaiser : opérateurs du métier de l'immobilier.
FEEDELIOS : sociétés dont le siège social est en Outre-mer.
Finple : projets positifs pour le monde de demain.
Freelendease : porteurs de projets en Alsace-Lorraine et Champagne-Ardenne.

Fundimmo : investissement immobilier.
GwenneG : financement de tous les projets bretons.
HEXAGONe : promotion et construction immobilières.
Homunity : promoteurs immobiliers, aménageurs fonciers et marchands de biens sur le territoire français.
Immovesting : immobilier.
Investbook : plate-forme dévolue à l'investissement en obligations de PME.
Koregraf : promotion immobilière.
Lendix : plate-forme de prêts aux TPE et PME en France.
Lendopolis : plate-forme de prêts aux TPE et PME en France.
Lendosphere : projets de développement durable.
Look&Fin : plate-forme de prêts aux PME en France.
Lumo : projets d'énergies renouvelables développés avec des collectivités territoriales.
Lymo : immobilier.
MicroWorld : microcrédit.
Options : entreprises innovantes.
PretUp : développement des entreprises locales.
Prexem : plate-forme de prêts aux TPE et PME en France.
Solylend : innovations issues de l'économie sociale et solidaire.
Spear : porteurs de projets qui répondent à des problématiques environnementales, sociales ou culturelles.
Tributile : plate-forme de prévente et prêt destinée aux entreprises et associations dont le sens et la portée du projet profitent à tous.
Unilend.fr : plate-forme de prêts aux entreprises.
WeeXimmo : co-investissement dans des projets de promotion immobilière, principalement résidentielle.
WeShareBonds : plate-forme de prêts aux PME.
WineFunding : univers du vin.

Source : liste établie par l'auteur à partir des sites https://tousnosprojets.bpifrance.fr/ et http://financeparticipative.org/

III. – Les plates-formes d'investissement (*equity crowdfunding*)

1. **Les plates-formes d'investissement en capital.** Le financement participatif sous forme d'investissement permet au porteur de projet de lever des fonds en émettant des titres financiers et aux internautes d'entrer dans le capital des porteurs de projets. Ce mode de financement est réservé aux sociétés qui souhaitent lever des fonds. La rémunération de l'internaute investisseur dépend des bénéfices réalisés par le porteur de projet. Conformément à la réglementation en vigueur, les plates-formes d'investissement ayant le statut de CIP bénéficient d'une procédure allégée et peuvent proposer une offre de titres financiers au public sans prospectus visé par l'AMF, dans la limite de 2,5 millions d'euros. Seule une information simplifiée aux potentiels investisseurs est alors requise. Au-delà de ce montant, la rédaction d'un prospectus est obligatoire et la plate-forme doit alors avoir le statut de PSI.

L'« equity crowdfunding » intéresse tout particulièrement les entreprises en phase de croissance, prêtes à ouvrir leur capital. D'autre part, contrairement au prêt qui suppose un remboursement régulier des intérêts au prêteur pendant toute sa durée, le recours à une plate-forme d'investissement permet au porteur de projet de ne rémunérer l'investisseur qu'à horizon de cinq à huit ans. Celui-ci peut alors espérer récupérer ses fonds avec un rendement important.

À cette rémunération des investisseurs s'ajoute la rémunération de la plate-forme, qui peut facturer des frais fixes forfaitaires au lancement de l'opération, des frais de gestion à échéance régulière et, éventuellement, une commission à la sortie. Conscientes des risques liés à ce type d'investissement, les plates-formes ont pour la plupart mis en place plusieurs niveaux de sélection des projets, requérant l'intervention de comités d'experts qui sélectionnent les projets. Certaines plates-formes impliquent également les futurs investisseurs à travers un système de vote. À ce jour, deux modes de fonctionnement semblent coexister : le modèle du club, où les internautes investissent directement dans les sociétés à financer, et le modèle du holding qui regroupe les actionnaires dans une même unité qui investit auprès des entreprises ciblées. Dans tous les cas, le porteur de projet doit faire un reporting régulier aux investisseurs.

Selon FPF, en 2015, 21 % des projets de financement participatif en capital concernent des projets immobiliers. Concernant ce secteur en particulier, le crowdfunding a permis d'ouvrir, depuis 2011 en France, l'investissement immobilier aux particuliers qui peuvent désormais contribuer au financement de projets privés ou d'utilité publique, alors que ce type d'investissement était traditionnellement réservé aux institutionnels et aux investisseurs fortunés. À ce jour, FPF distingue deux marchés différents.

D'une part, le crowdfunding dévolu au financement de la promotion immobilière, qui ne dure que quelques mois et fait l'objet d'un remboursement à l'achèvement de la construction et à la vente des lots, avec des perspectives de rentabilité élevée. Le promoteur lance une émission d'obligations, éventuellement par le biais d'un holding, et les prêteurs reçoivent le remboursement de leur capital et les intérêts une fois le projet terminé. C'est le modèle que propose notamment la plate-forme de crowdfunding WiSEED. Alors que les banques acceptent aujourd'hui difficilement de financer ce type d'opération sans apport par le promoteur de 8 à 15 % du coût de l'opération, cette forme de crowdfunding immobilier apparaît comme une réelle chance pour les promoteurs immobiliers qui disposent d'une source de financement immédiate.

D'autre part, le crowdfunding de copropriété, qui consiste en un investissement sur une période longue, de cinq à quinze ans, en copropriété dans un actif immobilier. Dans ce cas, les investisseurs achètent des parts du projet immobilier.

Le financement participatif par investissement en capital, en direct ou par l'intermédiaire d'un holding, peut être défiscalisable sous certaines conditions. Les investisseurs qui ont choisi le dispositif IR-PME conçu pour l'impôt sur le revenu (IR) peuvent déduire 25 % des sommes investies dans les PME pour l'année 2018 (18 % en 2017) pour un maximum de 50 000 euros pour un célibataire et de 100 000 euros pour un couple, sous condition de conserver les titres au moins cinq ans. Le montant des versements qui dépasse le plafond peut être reporté dans la limite des quatre années suivantes. Avec la création en janvier 2018 de l'IFI, impôt sur la fortune immobilière qui remplace l'ISF (impôt sur la fortune), il n'est aujourd'hui plus possible de bénéficier de la défiscalisation de 50 % de l'investissement qui était possible avec le dispositif ISF-PME dédié à l'ISF.

Les différents modes de défiscalisation n'étant pas cumulables, l'investisseur peut également opter pour la défiscalisation à la sortie dans le cadre d'un plan d'épargne en actions (PEA) ou d'un PEA-PME. L'opération permet d'investir jusqu'à 75 000 euros dans les PME (150 000 euros pour un PEA classique), les plus-values étant exonérées d'impôt après une durée de détention des titres de cinq ans. Ne sont alors dus que les prélèvements sociaux (CSG, CRDS).

Il est à noter que l'écosystème du financement participatif en investissement s'étoffe de jour en jour : si les banques sont des partenaires de longue date des plates-formes, les *business angels* et les sociétés de capital-risque peuvent investir dans les projets, pour des investissements relativement importants, en complétant ainsi les levées de fonds, ou intervenir au côté des plates-formes comme experts, en sélectionnant avec la plate-forme des projets proposés.

Focus sur WiSEED. – Thierry Merquiol et Nicolas Sérès, les deux fondateurs, qui accompagnaient des start-up dans l'incubateur public Midi-Pyrénées, ont créé WiSEED en 2008, avec pour ambition de faire financer de jeunes entreprises innovantes en phase d'amorçage par la foule, tout en permettant aux investisseurs particuliers d'investir dans l'économie réelle. La plate-forme a été mise en ligne en juin 2009. L'ambition annoncée de WiSEED est de proposer au public d'investir dans des projets créateurs de sens, de valeur économique, écologique ou sociale : c'est ainsi que, dans sa stratégie de diversification, la plate-forme permet aujourd'hui de placer son argent dans des secteurs aussi différents que ceux de la santé, de la transition écologique, du numérique, de l'industrie ou de l'immobilier, ce dernier secteur en particulier permettant à la plate-forme de répondre à la demande des clients d'investir dans des produits moins risqués et avec des liquidités à plus court terme. Selon Yannig Roth, directeur marketing de WiSEED, la plate-forme bénéficie d'une communauté d'investisseurs peu volatile et relativement captive de par la nature même des investissements qui implique un investissement sur un temps plus long que sur les plates-formes de financement par le don. L'animation de la communauté d'investisseurs passe par l'organisation de discussions sur un blog pendant les phases de vote, de collecte et de suivi des projets, mais aussi par l'implication des utilisateurs dans le codéveloppement de nouvelles fonctionnalités pour la plate-forme. Par ailleurs, dans la mesure où la diversification de leur portefeuille d'investissement est préconisée dans un contexte de placement relativement risqué, la plupart des investisseurs entendent s'inscrire dans la durée. WiSEED participe également à la fidélisation de ses investisseurs par l'envoi d'un courriel hebdomadaire à ses abonnés et travaille actuellement au développement d'outils de recommandations en fonction du profil de l'investisseur.

Le processus de sélection des projets passe par la validation des dossiers par un comité d'engagement, constitué d'experts des différents secteurs, qui s'assure de la viabilité économique du projet, avec le souci d'éviter les risques de défaillance. Il apparaît aujourd'hui que les investisseurs sur les plates-formes d'investissement en capital sont en quête de diversification de leur portefeuille, qui ont déjà investi dans d'autres produits financiers, et qu'ils acceptent une prise de risque plus importante dans l'espoir d'un rendement attractif, tout en finançant l'économie réelle.

2. **Le financement participatif par royalties.** – Pour les porteurs de projets qui ne souhaitent pas ouvrir leur capital, il est également possible de recourir à une autre forme de financement participatif : le crowdfunding en royalties. S'inspirant de MyMajorCompany, qui permettait au public de financer des artistes en contrepartie d'une rémunération sur la vente des albums, Wedogood a créé la première plate-forme française de crowdfunding en royalties qui permet à des entreprises de se financer auprès d'investisseurs moyennant le versement d'un pourcentage de leur chiffre d'affaires, et ce, sans diluer leur capital et en permettant aux investisseurs d'être intéressés à la réussite avec un retour sur investissement rapide. Le versement des royalties étant basé sur le chiffre d'affaires du porteur de projet, il lui offre ainsi l'avantage de bénéficier d'un financement flexible.

En 2016, Wedogood a obtenu l'agrément du pôle de compétitivité Finance Innovation pour le caractère innovant du financement en royalties et, en 2017, le prix coup de cœur Fintech. D'autres initiatives ont émergé dans ce domaine, avec My Pharma Company spécialisée dans le secteur de la santé, ou encore Freelendease. Sous condition que les porteurs de projet dégagent un chiffre d'affaires et une marge suffisants, ce mode de financement peut se révéler pertinent pour les entreprises en phase d'amorçage et permet de lever des fonds sans dilution de capital et sans dette. En outre, elle limite les risques de trésorerie pour l'entreprise, la rémunération versée aux investisseurs, généralement à échéance trimestrielle, étant proportionnelle au chiffre d'affaires, ce qui se trouve particulièrement adapté aux entreprises ayant des activités saisonnières.

Afin de limiter le risque pour l'investisseur, certaines plates-formes, comme Wedogood, prolongent la durée du retour sur investissement, initialement de cinq ans, jusqu'à ce que l'investisseur récupère la somme investie, si le projet ne fonctionne pas aussi bien que prévu. D'après les plates-formes, le rendement serait d'une fois et demie à deux fois l'apport initial, avec une durée d'investissement raisonnable. Si cette forme de crowdfunding reste encore modeste, les perspectives de développement sont réelles, compte tenu de la souplesse du modèle pour les porteurs de projets.

Plates-formes d'investissement en France

Afrikwity : start-up innovantes et PME qui se développent en Afrique.
Anaxago : entreprises innovantes.
Booster Health : santé, bien-être et sciences du vivant.
Enerfip : transition énergétique.
FEEDELIOS : sociétés dont le siège social est en Outre-mer.
Finple : projets positifs pour le monde de demain.
Freelendease : porteurs de projets en Alsace-Lorraine et Champagne-Ardenne.
Fundimmo : immobilier.
GwenneG : projets bretons.
Happy Capital : un des pionniers de l'« equity crowdfunding » en France.
Hoolders : investissement dans des entreprises françaises, au côté de professionnels du capital-risque.
Immovesting : immobilier.
Incit'financement : plate-forme régionale lyonnaise fondée par un *business angel*.
Kiosk to invest : start-up et PME.
Lita.co : financement de l'entrepreneuriat social.

Lumo : projets d'énergies renouvelables développés en partenariat avec des collectivités territoriales.
MONEGO : immobilier en Rhône-Alpes.
My Pharma Company : projets de santé.
Proximea : entrepreneurs et promoteurs du Grand Ouest.
RAIZERS : première plate-forme de crowdinvesting à dimension européenne.
SmartAngels.fr : start-up et PME.
Sowefund : entreprises françaises.
Tudigo (ex-Bulb in Town) : plate-forme de financement participatif de proximité, destinée aux TPE et PME, qui ont des répercussions locales positives.
WE DO GOOD : la première plate-forme de royalty crowdfunding.
WineFunding : univers du vin.
WiSEED : plate-forme de crowdfunding pionnière mondiale et leader en France sur un modèle de prise de participation au capital.

Source : liste établie par l'auteur à partir des sites https://tousnosprojets.bpifrance.fr/ et http://financeparticipative.org/

IV. – Vers un modèle de crowdfunding indépendant ?

Certains prestataires, parmi lesquels MIPISE, CAPSENS, agence web spécialiste des fintechs (technologies financières), ou encore Easycrowd, proposent des solutions clés en main aux structures souhaitant disposer d'une plate-forme propre ciblant une communauté qualifiée. Alors que la tendance est à une concentration des plates-formes généralistes dont le modèle économique repose sur l'intermédiation financière et sur le volume de fonds collectés, l'approche des prestataires de plates-formes de crowdfunding en marque blanche consiste à équiper des plates-formes sectorielles, positionnées sur des niches, avec un contenu volumétrique moins important, mais centrées sur une communauté ou une thématique. Le prestataire développe ainsi une offre de services afin de permettre aux plates-formes ainsi créées de mener des actions personnalisées d'animation et de fidélisation auprès de leurs cibles.

Selon Michel Ivanovsky, président et cofondateur de MIPISE, le crowdfunding serait une nouvelle façon de penser son marketing digital et d'approcher ses publics. C'est dans cet esprit communautaire que s'est développée par exemple la plate-forme de dons et de prêts CredoFunding, qui a pour objectif annoncé de soutenir financièrement les projets de la communauté chrétienne, compatibles avec la foi chrétienne. Accompagné d'un comité d'éthique qui veille à la sélection des projets, CredoFunding fait la promesse d'offrir aux porteurs de projets une exposition médiatique auprès des 40 millions de chrétiens en France.

Ces prestataires de solutions de plates-formes en marque blanche s'adressent à des clients aux profils différents : des start-up en création ou en post-levée de fonds, des PME ou grands groupes qui lancent de nouveaux produits ou qui se digitalisent, mais aussi des créateurs de plates-formes propriétaires, des entrepreneurs IFP ou CIP, des associations et fondations, ou encore des collectivités territoriales et organismes publics. Elles ont développé des expertises transversales et leur proposent des offres sur toutes les formes de financement participatif, ainsi que des modèles de plates-formes hybrides, avec des services complémentaires au crowdfunding. MIPISE et Easycrowd ont développé des offres de crowdsourcing, afin de répondre au mieux aux enjeux des directions digitales en matière d'innovation et de démarche collaborative. Comme le souligne Michel Ivanovsky, leur objectif, en tant que spécialistes d'Internet et de la finance participative, est de proposer de nouvelles solutions de financement de l'économie réelle et de redonner du sens à l'argent, tout en accompagnant les ruptures technologiques. C'est ainsi que MIPISE propose des solutions blockchain en marque blanche pour accompagner les enjeux d'innovation et de performance des start-up, des PME et TPE, dont le développement est souvent freiné par des coûts de transaction et d'intermédiation élevés.

À la condition que la structure porteuse du projet soit en mesure de mobiliser sa communauté et d'activer les bons leviers de communication, on peut alors se demander si un crowdfunding indépendant, qui tirerait partie des forces du financement participatif sans recourir à l'intermédiation des plates-formes de crowdfunding, ne serait pas l'avenir du crowdfunding ou, en tout cas, une alternative à un financement participatif porté par des plates-formes généralistes, dont le modèle économique reste fragile. Guillaume Fonteneau, fondateur du site LeBlogPatrimoine.com, imagine l'émergence d'un site Internet qui présenterait l'ensemble des offres disponibles émanant du crowdfunding indépendant, à l'instar de ce que propose le site TousNosProjets.bpifrance.fr qui rassemble de son côté les projets émanant des principaux opérateurs français de la finance participative. Des organismes de notation indépendants chargés de noter les projets pourraient alors, selon lui, accompagner les épargnants dans leur sélection des projets. On reviendrait donc, précise-t-il, aux fondamentaux du Web, en proposant un modèle de crowdfunding avec une véritable désintermédiation financière.

CHAPITRE IV

Mener une campagne de crowdfunding

I. – Les motivations des contributeurs

Le 15 mai 2018, FPF, le Crédit municipal de Paris et La Banque postale ont dévoilé les résultats d'une enquête menée par l'agence GMV Conseil sur la notoriété et l'image du financement participatif, les freins et les motivations des Français et le profil des contributeurs, auprès d'un échantillon de 3 000 personnes représentatives de la population française. Cette étude révèle que le financement participatif s'impose désormais dans l'esprit du grand public. Cependant, si 70% des personnes sondées ont déjà entendu parler de l'expression « financement participatif », 36% seulement connaissent le terme « crowdfunding » ; ce public plus « averti » réside principalement en région Île-de-France et a moins de 34 ans. 16% des Français ont déjà contribué à un projet sur une plate-forme de crowdfunding, dont 79% au cours des douze derniers mois. Pour 82% des contributeurs, il s'agissait d'un financement en don.

Le financement participatif bénéficie d'une image très positive et est considéré comme un financement innovant, accessible, transparent et utile.

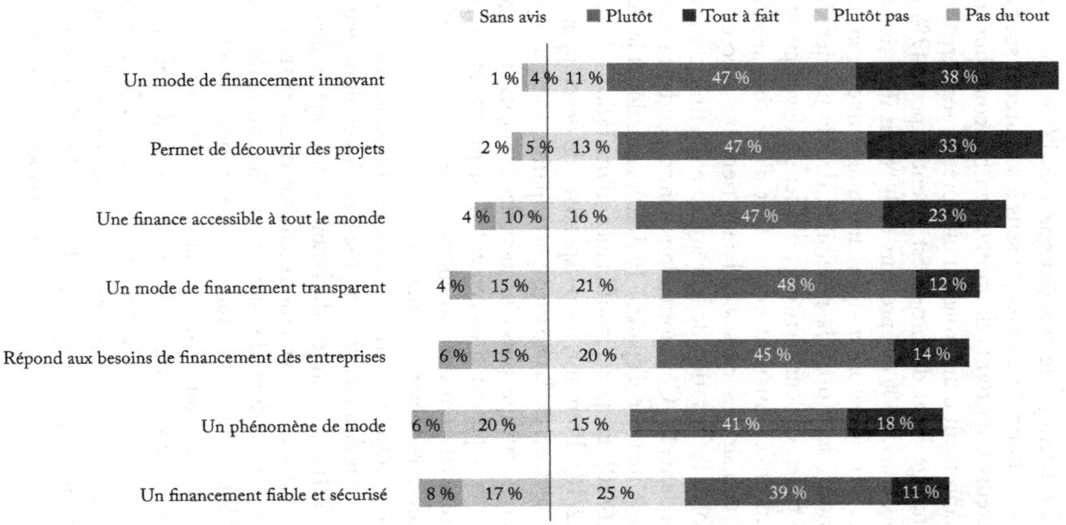

Source : « Enquête sur la notoriété du financement participatif et le profil des contributeurs », financeparticipative.org

Le fléchage de son épargne vers l'économie réelle et la volonté de donner du sens à son argent sont des facteurs importants de motivation qui contribuent au financement d'un projet au plus près de son territoire ; l'ancrage local du projet est essentiel pour 49 % des donateurs, 43 % des prêteurs et 44 % des investisseurs. Les personnes interrogées indiquent que le crowdfunding leur offre la possibilité de s'impliquer dans un projet de leur territoire, d'aider au développement d'un projet émanant notamment d'une connaissance, de choisir des causes qui leur tiennent à cœur, de choisir l'affectation de leur argent et de financer l'économie réelle. Ces motivations sont cependant freinées par le manque d'épargne (6,3/10), l'aversion à la perte (6,6/10) et par l'insuffisance d'incitations fiscales (6,2/10). Pourtant, les perspectives de développement du secteur de la finance participative sont encourageantes puisque plus d'un tiers des Français envisagent de participer au financement d'un projet, et majoritairement pour des projets solidaires, culturels, scientifiques ou environnementaux.

Ces résultats corroborent ceux de l'étude menée en 2013 par Adocta, plate-forme d'études en ligne, auprès de 1 011 personnes déclarant avoir déjà réalisé un investissement par l'intermédiaire d'une plate-forme de crowdfunding (23 %) ou ayant l'intention de le faire (77 %). Selon cette étude, les deux motivations principales pour un crowdfunder sont d'aider et de participer à un projet à 39 %, l'attente de retour sur investissement n'étant citée qu'à 12 % et la défiscalisation à 9 %. Il est intéressant de relever que la contribution à une campagne de crowdfunding sur une plate-forme d'investissement est associée à une volonté d'engagement des investisseurs, 74 % d'entre eux déclarant vouloir faire la promotion acharnée de l'entreprise où ils investissent et 32 % étant prêts à apporter leurs conseils, ce qui confirme bien que le crowdfunding dépasse largement sa définition première d'outil de financement. Pleinement conscients du risque de perte de capital (72 %), les investisseurs sont vigilants et restent attentifs à la qualité du projet et du porteur de projet (38 %), l'envisageant encore comme un investissement d'appoint.

L'étude réalisée par MIPISE en 2013 en partenariat avec la Junior Entreprise HEC précise également que le moteur principal de l'investissement des personnes interrogées est la proximité qu'elles ont avec les porteurs de projets, cette proximité, réelle ou fictive, semblant être majeure pour expliquer le succès du financement participatif. MIPISE a ainsi dessiné deux catégories de contributeurs : ceux pour lesquels le crowdfunding est un moyen valorisant de soutenir des projets qui leur tiennent à cœur et que les banques ne porteront pas, et ceux pour lesquels il y a un aspect ludique à parier sur des projets et à accéder en avant-première à des projets innovants. S'agissant des valeurs véhiculées par le crowdfunding, si les moins de 30 ans évoquent la passion et le partage, les plus de 40 ans sont davantage motivés par l'idée de participer à un projet. Il ressort également de cette enquête que les contributeurs adhèrent avant tout à des projets proches de leurs centres d'intérêt, ou à des projets à caractère « high-tech », à vocation solidaire ou sociale.

Il est intéressant de relever que les personnes issues des catégories socioprofessionnelles « artisans, commerçants et chefs d'entreprises » ou « cadres et professions intellectuelles supérieures » ont déclaré n'exclure aucun type de projet à condition que celui-ci ait un fort potentiel et que la plate-forme offre des garanties suffisantes.

II. – Les risques pour les contributeurs

Si les perspectives de développement du crowdfunding semblent positives à l'heure du développement de nouvelles technologies, il n'en reste pas moins que des freins subsistent : risque de fraude, risque de perte totale ou partielle du capital investi sur les plates-formes d'investissement en capital, risque d'illiquidité des titres détenus, risque de défaut de paiement et de défaillance. Le taux de défaut semble aujourd'hui limité ; cela étant, ces placements restent risqués, notamment parce qu'il s'agit de financer et de soutenir des entreprises souvent en phase d'amorçage. Afin de protéger les investisseurs et de les informer clairement des risques encourus, toute plate-forme ayant le statut d'IFP doit ainsi, selon les articles L.548-6 et R.548-5 du Code monétaire et financier, publier chaque trimestre de manière visible sur son site Internet les indicateurs de défaillance, c'est-à-dire le taux de défaillance des projets mis en ligne sur les plates-formes au cours de trente-six derniers mois. De manière générale, les contributeurs doivent être informés des risques liés à leur investissement en crowdfunding.

Concernant les plates-formes de dons, les risques sont relativement limités. La plupart des plates-formes de crowdfunding pratiquent la règle de l'AON : dès lors, si le projet n'atteint pas au moins 100 % de l'objectif annoncé, les contributeurs sont automatiquement remboursés. Si la non-délivrance des contreparties est possible, ce risque est, selon les plates-formes, relativement limité dans la mesure où la plupart des contributeurs émanent du premier cercle (amis, famille, réseau professionnel proche), ce qui engage d'autant plus fortement le porteur de projet.

Concernant les plates-formes de prêts, le contributeur prend le risque que le porteur de projet ne soit pas en mesure de rembourser le prêt, l'argent prêté étant alors perdu.

S'agissant enfin des plates-formes d'investissement, le risque pour l'investisseur réside dans la perte de valeur possible de la société dans laquelle il a investi ou dans sa cessation d'activité.

Afin de limiter ce risque, le contributeur peut s'assurer dans un premier temps de la fiabilité de la plate-forme, en vérifiant qu'elle est bien enregistrée en tant qu'IFP ou en tant que CIP. Il doit également étudier de près le projet de l'entreprise et veiller à une diversification de son investissement en misant sur plusieurs projets afin de réduire le risque.

III. – Les étapes clés d'une campagne de financement participatif par le don

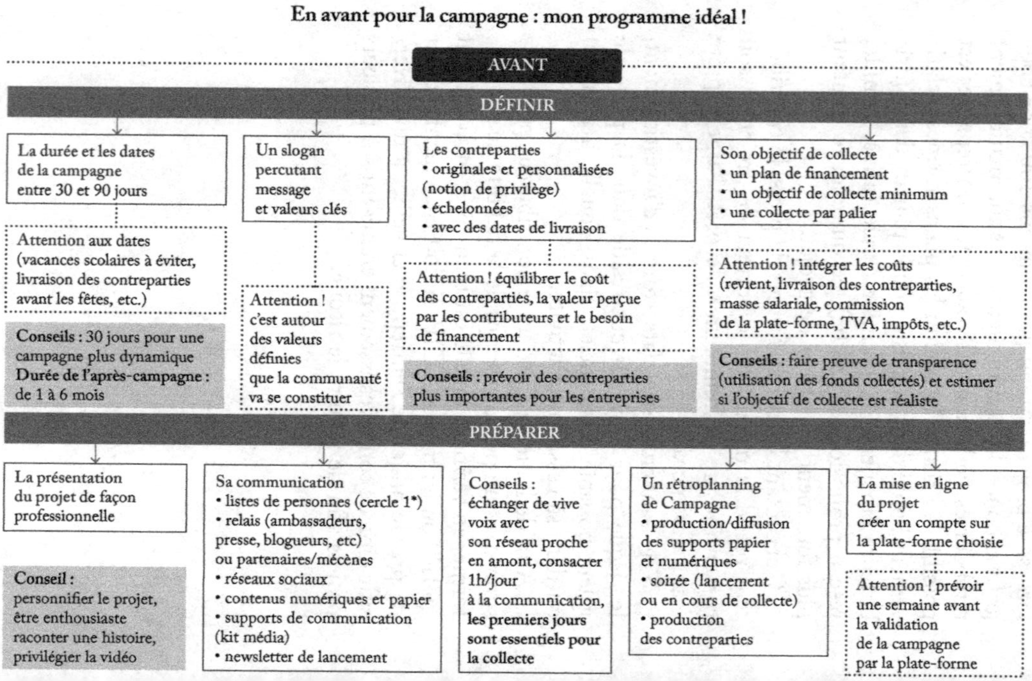

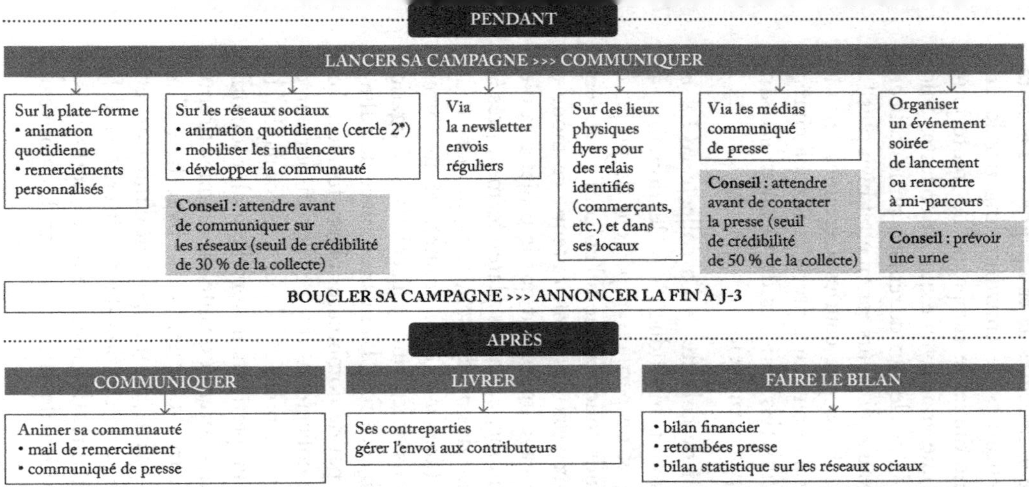

Source : *Ma campagne de financement participatif*, Auvergne-Rhône-Alpes, Livre et Lecture, en partenariat avec Numered Conseil, 2018.

1. **La durée et les dates de campagne.** – De nombreuses plates-formes de crowdfunding par le don préconisent une durée de campagne de trente jours, assurant ainsi une vraie dynamique de collecte. Selon la plate-forme Ulule, le taux de réussite sur les collectes de plus de soixante-dix jours est en effet bien plus bas que celui des collectes plus courtes. Certaines périodes de l'année sont plus ou moins propices à la sollicitation des contributeurs (les périodes de vacances scolaires sont à éviter, par exemple).

2. **L'objectif de collecte.** – La collecte AON est la plus largement répandue dans le domaine du crowdfunding et ne permet au porteur de projet de recevoir les fonds collectés que si l'objectif de collecte est atteint. Aux yeux des contributeurs, ce mode de collecte est un gage important que le projet sera bien réalisé. Néanmoins, certaines plates-formes, présentant notamment des projets solidaires, proposent des collectes KIA (*keep it all*) qui permettent au porteur de projet d'encaisser les fonds collectés sans obligation d'atteindre l'objectif fixé. La mise en place de paliers, recommandée par de nombreuses plates-formes, dans le cadre d'une collecte AON, permet au porteur de projet de fixer un premier objectif raisonnable, les paliers suivant lui permettant alors d'enrichir son offre initiale, d'en améliorer la qualité ou de mieux rémunérer les créateurs du projet. Dans l'hypothèse d'une campagne par paliers, il est important d'intégrer cette approche dans la description du projet et, quand les 100 % sont atteints, de communiquer auprès de ses contributeurs afin de leur expliquer les nouveaux objectifs.

3. **Le choix des contreparties.** – Dans le cadre d'une campagne de crowdfunding de dons avec contreparties, le porteur de projet remercie les contributeurs en leur proposant des contreparties de valeurs différentes. Si le porteur de projet a recours au crowdfunding pour financer la production d'un produit, le produit lui-même sera proposé comme contrepartie, idéalement à un prix inférieur au prix public auquel il sera ensuite commercialisé ou à travers une édition spéciale destinée aux contributeurs. Il s'agit ensuite pour le porteur de projet de trouver d'autres contreparties attrayantes, avec des niveaux de contribution échelonnés afin de permettre à un public le plus vaste possible de contribuer, quel que soit son pouvoir d'achat. C'est ainsi que l'on trouve généralement des contreparties de valeur faible pour les premières tranches (remerciement personnalisé, contreparties symboliques qui ne nécessitent pas d'envoi postal), puis des contreparties de valeurs plus importantes, avec des contenus exclusifs, parfois en nombre limité, permettant la création d'un lien privilégié entre les contributeurs et le porteur de projet (rencontre avec les membres de l'équipe, lancement du produit en avant-première pour un cercle de privilégiés, dédicaces, expériences insolites, etc.).

4. **La présentation du projet.** – Une présentation pertinente et attrayante du projet est essentielle à la réussite de la collecte. Le porteur de projet doit faire en sorte qu'elle soit structurée, y intégrer des visuels de qualité et idéalement une vidéo qui délivre un message clair, dynamique et incarné. Dans une logique de storytelling, raconter une histoire, en partageant des valeurs et en mettant en avant sa spécificité, est ce qui

va permettre d'intéresser les contributeurs et de leur donner confiance. Le titre doit également être simple et percutant, à la manière d'un slogan qui va capter l'attention des contributeurs. Si les contenus visuels, images et vidéos, sont, plus que d'autres mediums, véhicules d'émotion, ils ont aussi l'avantage de susciter un engagement plus important sur les réseaux sociaux. Détailler l'utilisation des financements est également indispensable afin d'expliquer, en toute transparence, la corrélation entre le projet et le montant sollicité, et de donner confiance aux potentiels contributeurs. C'est aussi à travers ses expériences, son histoire personnelle, que le porteur de projet va donner à voir qui il est et va être capable de rallier des internautes à un projet incarné. Certaines plates-formes proposent au porteur de projet de traduire la page de présentation ainsi que les contreparties dans plusieurs langues, ce qui est un atout lorsqu'on dispose d'une communauté multilingue. Le projet conserve alors une URL commune à toutes les langues et, selon le lieu de connexion de l'internaute, la plate-forme ajuste la langue en fonction du lieu. Dans l'hypothèse où la traduction dans une langue n'existerait pas, ce serait la traduction anglaise qui s'afficherait, si cette version existe, ou la version française qui serait disponible par défaut.

5. **La communication.** – La communication de la campagne de crowdfunding se déroule en plusieurs étapes, correspondant au ciblage des trois cercles du financement participatif décrits par les plates-formes comme étant respectivement le cercle 1 des proches, le cercle 2 des « amis des amis » et des connaissances

plus lointaines, et le cercle 3 du grand public n'ayant aucun lien avec le porteur de projet.

Il s'agit en premier lieu de mobiliser son entourage et de le convaincre de contribuer à son projet. Cette étape est vitale, car c'est de la capacité du porteur de projet à impliquer son cercle 1 que va dépendre le succès de la collecte, la part de contributions des proches restant, sauf exceptions, la plus importante dans les campagnes de crowdfunding. L'établissement d'un plan de communication et d'un rétroplanning de campagne est indispensable pour réunir une communauté autour du projet et assurer le succès de la collecte. Il est préférable de communiquer d'abord auprès de ses proches et de son réseau personnel (cercle 1) avant d'élargir la diffusion de sa communication auprès de contributeurs que le porteur de projet ne connaît pas. En contribuant au projet, le premier cercle contribue à faire décoller la collecte et à lui donner du crédit auprès du cercle 2 des « amis des amis » et des autres connaissances, puis du cercle 3, qui pourra notamment être informé de la campagne de crowdfunding par les médias, en ligne ou hors ligne, sollicités par voie de communiqué de presse. Ainsi, les plates-formes de crowdfunding recommandent de ne communiquer auprès du grand public que quand le porteur de projet a atteint 20% à 30% de son objectif de collecte.

Une présence active sur les réseaux sociaux favorise une viralité plus importante de la campagne et permet de toucher le cercle 3 des contributeurs, à condition de proposer un contenu (vidéos, photos) qui véhicule de l'émotion et crée une interactivité avec les internautes. L'utilisation conjointe de Facebook, Twitter,

YouTube ou encore Instagram permet de toucher des publics divers. Il est ainsi recommandé de tweeter plusieurs fois par jour en publiant des contenus variés liés au projet et en utilisant des hashtags pertinents en rapport avec l'objet de la collecte, de partager régulièrement des actualités sur Facebook et de créer des contenus sponsorisés qui seront diffusés auprès d'une audience ciblée. Facebook met à disposition un outil d'analyse, le pixel Facebook, qui permet de suivre les actions qu'un internaute réalise sur un site après avoir cliqué sur une publicité Facebook. Ceci permet d'optimiser ses publicités après analyse des résultats et de relancer des internautes qui ont manifesté un intérêt pour le sujet. Certaines plates-formes, à l'instar d'Ulule, permettent de récupérer l'ID du pixel sur le business manager de Facebook et de l'intégrer directement sur les pages du projet Ulule, en l'ajoutant à la partie « Informations principales ». Alors que la portée organique de Facebook est en baisse, Facebooks Ads permet de diffuser une publication auprès d'une audience finement ciblée. Si cela représente un budget à intégrer au plan de financement du porteur de projet, la publicité sur sa campagne de crowdfunding, par le biais d'Adwords ou des outils de publicité sur les réseaux sociaux, contribue à donner une plus grande visibilité à la campagne auprès du cercle 3 des contributeurs. Concernant Instagram, réseau social en pleine croissance, en particulier dans les domaines de la création et du « lifestyle », la publication de visuels de qualité, assortis de hashtags pertinents, et d'un lien vers la campagne participe aussi à une plus grande pollinisation sociale. LinkedIn, réseau social professionnel, permet également de mobiliser son réseau professionnel et de faire un travail de veille des professionnels actifs dans le domaine du porteur de projet et qui pourraient donc être relais de la campagne de crowdfunding.

La création de mailings personnalisés permet de solliciter, relancer et convaincre de potentiels contributeurs. Le porteur doit aussi veiller à produire régulièrement des contenus afin d'animer sa campagne de crowdfunding de manière dynamique et de favoriser le partage d'actualités par les contributeurs. C'est en donnant des nouvelles régulières sur l'évolution du projet que le porteur de projet parviendra à convaincre les internautes. Sur la plupart des plates-formes, il a également la possibilité d'intégrer sur son site Internet un widget[1] afin de promouvoir sa campagne directement depuis son site.

Si la communication numérique est indispensable, la communication sur le terrain et la prise de contact physique participent aussi à une visibilité plus importante du projet : distribution de flyers chez les commerçants du quartier ou auprès de structures relais identifiées, rencontre autour d'un café avec les personnes constituant le cercle 1. L'organisation d'une rencontre physique pendant la campagne permet de présenter de façon plus détaillée le projet. Il permet de convier de potentiels contributeurs technophobes qui pourront participer à la campagne sous forme de chèques qui seront remis ultérieurement à la plateforme de crowdfunding.

Les médias locaux, ou nationaux pour certaines campagnes de crowdfunding qui portent un message

1. Contraction des mots *window* et *gadget*. Petite application qui s'intègre à une page Web ou à un blog.

sociétal fort, restent également à l'écoute des porteurs de projets. L'envoi d'un communiqué de presse, après le décollage de la campagne, permet alors de communiquer plus largement auprès des contributeurs potentiels de son territoire. Les blogs spécialisés dans le domaine du porteur de projet sont aussi des prescripteurs à ne pas négliger et peuvent être des relais de la campagne de crowdfunding.

Les rubriques « Actualités » de la page de présentation du projet sur la plate-forme de crowdfunding permettent également de publier du contenu régulier ayant trait au projet et de maintenir le lien avec sa communauté de contributeurs, laquelle est alors automatiquement informée par courriel de l'avancement du projet. On peut notamment y donner à voir les coulisses de la création, proposer du contenu en avant-première aux contributeurs, ou mettre en lumière des témoignages de soutien de personnalités ambassadrices du projet.

Si la réussite du lancement d'une campagne est un gage de succès de la collecte, la dynamique des derniers jours est aussi importante. Le porteur de projet peut alors miser sur l'effet « compte à rebours » pour mobiliser sa communauté et l'inviter plus largement à partager. Comme l'indique Ulule, à partir d'un certain palier de financement, les chances de financer la campagne avec succès sont très élevées : ainsi, des campagnes qui auraient atteint respectivement 10% et 30% de leur objectif auraient respectivement 80% et 93% de chance d'atteindre les 100%.

6. **L'après campagne de crowdfunding.** – À l'issue de la campagne, le porteur de projet a pris des

engagements à l'égard des contributeurs, le premier étant celui de les tenir informés. Il doit notamment livrer les contreparties aux contributeurs. Garder un lien avec la communauté constituée lors de la campagne de crowdfunding est aussi le gage d'avoir des ambassadeurs impliqués, garantissant un développement pérenne du projet. L'exemple de la campagne de crowdfunding de *Demain, le film* est à ce titre assez remarquable. L'équipe a su mobiliser sa communauté sur KissKissBankBank à la sortie du film en demandant aux contributeurs d'être présents dans les salles afin que le film reste à l'affiche et puisse être vu par un maximum de spectateurs.

CHAPITRE V

Les défis du crowdfunding

I. – La dimension sociale

Si le financement participatif implique avant tout une relation économique entre le porteur de projet et le contributeur, il revêt également une dimension sociale. Lui sont ainsi fréquemment associées les expressions « *love money* », « sociofinancement » ou encore « financement collaboratif », soit autant de qualificatifs qui témoignent du caractère social de la pratique qui repose sur la capacité du porteur de projet à engager sa communauté et à mobiliser son capital social et symbolique. S'appuyant sur le concept de Bourdieu, qui définit le capital social comme « l'ensemble des ressources actuelles ou potentielles qui sont liées à la possession d'un réseau durable de relations plus ou moins institutionnalisées d'interconnaissances et d'inter-reconnaissances ; ou, en d'autres termes, à l'appartenance à un groupe, comme ensemble d'agents qui ne sont pas seulement dotés de propriétés communes mais sont aussi unis par des liaisons permanentes et utiles », Guillaume Goasdoué met ainsi en lumière le cas spécifique du journalisme, où les titres de presse révèlent une réelle capacité à tirer profit de leur capital symbolique pour développer leur capital économique dans le cadre des campagnes de crowdfunding. De multiples témoignages de porteurs de projets ou de plates-formes de crowdfunding confirment cette idée qu'il est essentiel de disposer d'un capital social préalable, constitué de ses connaissances de premier niveau, amis, familles, collègues, pour assurer le lancement de sa campagne et augmenter ses chances de succès. La collecte de fonds se réalise en trois étapes, qui correspondent à la sollicitation de trois cercles de financement concentriques et qui participent successivement à l'enrichissement du capital social initial du porteur de projet.

Lors de la première étape, il s'agit pour le porteur de projet de solliciter ce que les plates-formes de crowdfunding nomment le cercle 1, composé du réseau relationnel avec lequel le porteur de projet a tissé un lien fort. Le rôle de ces premiers contributeurs est capital, en ce sens qu'ils vont émettre un signal fort auprès de leurs propres réseaux relationnels, lesquels formeront le cercle 2 des financeurs avec qui le porteur de projet n'avait alors qu'un lien faible. Ce cercle 2 est alors susceptible de faire grimper rapidement le niveau de la collecte, contribuant ainsi à l'attractivité du projet auprès du cercle 3 de contributeurs, composé d'inconnus qui vont voir dans la progression de la collecte un gage de crédibilité du projet.

Ce cercle 3 représente une communauté virtuelle d'internautes qui agissent pour des motifs économiques, mais aussi par adhésion aux valeurs incarnées par les projets qu'ils soutiennent. Il est constitué pour partie d'internautes ayant précédemment contribué à des projets présentés sur les plates-formes de crowdfunding qui, pour la plupart, tentent de constituer une communauté propre en développant des actions de communication, de l'envoi de newsletters aux contributeurs à l'organisation d'événements. C'est ainsi que le Ulule Bus a pris la route pendant plusieurs années pour aller à la rencontre de ses publics, nommés ululeurs, ou de personnes intéressées par le crowdfunding, dans plusieurs villes de France, en leur proposant des workshops, des tables rondes, des cantines numériques.

Les deux plus gros acteurs du financement participatif de dons avec contreparties ont également inauguré en 2016 une première boutique à Paris, suivant ainsi la stratégie d'un nombre de plus en plus important d'acteurs de l'économie collaborative qui ouvrent des espaces physiques pour se faire connaître et pour rencontrer et fidéliser leur communauté. Ulule dispose ainsi d'une boutique à Paris, dans le quartier du Sentier, où cohabitent start-up, espaces de coworking et incubateurs. La plate-forme y présente une sélection de produits et en vend certains qui ont été financés sur Ulule et sélectionnés par la communauté à travers une opération de crowdvoting, avec pour objectif de faire vivre la communauté Ulule. En 2017, Ulule a également ouvert un vaste lieu collaboratif, le « 5 248 » à Montréal, doté d'un espace événementiel ouvert et destiné à l'accompagnement des porteurs de projets, en favorisant les interactions entre les porteurs de projets, les experts, les contributeurs et le grand public.

De son côté, KissKissBankBank a inauguré en 2016 une Maison du crowdfunding, dont l'ambition annoncée est de permettre aux créateurs de rencontrer et de mobiliser leurs communautés dans un lieu physique où les porteurs de projets, les contributeurs et les publics passionnés de créativité peuvent débattre ensemble. Ce showroom permet aussi de découvrir les marques et les créateurs financés sur la plate-forme, et propose une programmation événementielle.

Ainsi, un réseau se tisse peu à peu autour du porteur de projet, réseau dont il pourra exploiter toutes les potentialités après la campagne de crowdfunding dans un souci de pérennisation de la relation.

La dimension sociale du crowdfunding se manifeste également dans la conception des plates-formes de crowdfunding, qui multiplient les fonctionnalités sociales et favorisent les interactions (partage sur les médias sociaux, commentaires, etc.), s'inscrivant ainsi dans la logique de l'économie de la recommandation. Elle se révèle aussi dans les actions mises en œuvre par les plates-formes pour développer leur propre communauté, notamment à travers la mise en place de partenariats divers avec des médias, entreprises, communautés. C'est ainsi que Proarti a noué un partenariat avec la Société des auteurs, compositeurs et éditeurs de musique (SACEM), avec le parrainage de Renaud Capuçon, sous la forme d'un dispositif de financement participatif innovant intitulé « Mise en œuvre(s) ». Ce programme destiné aux interprètes souhaitant passer commande à un compositeur de musique contemporaine pour une œuvre instrumentale, vocale ou électro-acoustique, a pour objectifs de contribuer au renouvellement de la musique contemporaine, mais aussi de former les artistes à la recherche de financements privés, de leur donner plus de visibilité et de développer les liens entre les publics et les artistes. Après une phase de sélection, les projets retenus bénéficient d'un abondement de la SACEM par paliers pendant toute la durée de la campagne de financement participatif, à condition que la collecte soit un succès, mais aussi d'un accompagnement de Proarti, qui attire ainsi sur sa plate-forme une communauté d'artistes et de contributeurs, dans le cadre d'un événement annuel récurrent et d'un dispositif d'abondement attrayant. Pour la SACEM, l'intérêt de ce partenariat est aussi de pouvoir répondre à une demande qui n'entre pas dans sa grille d'aides, grâce à la mise en œuvre d'un dispositif de financement innovant.

De son côté, KissKissBankBank, en association avec les Halles de Schaerbeek en Belgique, le Carreau du Temple à Paris et une quarantaine de partenaires, a fait le pari, de 2013 à 2015, de créer une dynamique forte à l'échelle européenne entre des porteurs de projets innovants, créatifs et durables, et des milliers de donateurs potentiels, en passant de l'échange virtuel à la rencontre réelle, dans le cadre d'un salon du financement participatif : *Europe Refresh*. La spécificité de cet événement était de réunir des acteurs isolés sur la Toile et de les faire se rencontrer, avec l'ambition de croiser des réseaux locaux et européens autour de projets créatifs.

Lieu de rassemblement de projets en quête d'un financement, de croisement de communautés diverses, la plate-forme de crowdfunding, d'abord plate-forme d'intermédiation financière, devient ainsi peu à peu une plate-forme relationnelle.

II. – Le défi du crowdfunding pour les territoires

Le « civic crowdfunding » a émergé aux États-Unis dès 2009, en réponse à l'austérité budgétaire. Dans le Missouri, à l'initiative d'une association de riverains, Kansas City a pu récolter 420 000 dollars pour financer un programme de vélos citadins libres d'accès par l'intermédiaire de la plate-forme de crowdfunding Neighbor.ly. Alors que la tradition américaine fait depuis longtemps du secteur privé un partenaire privilégié dans les investissements de proximité, le développement du crowdfunding en France pose plus amplement la question du désengagement de l'État dans un pays où le secteur culturel bénéficie de financements publics et où l'on estime que les projets publics d'intérêt général sont déjà financés par les impôts.

Cependant, depuis que le décret n° 2015-1670 du 14 décembre 2015 a ouvert aux collectivités territoriales et à leurs établissements publics l'accès au financement participatif pour des projets culturels, éducatifs, sociaux ou solidaires, les collectivités s'y intéressent de plus en plus et y trouvent un moyen de faire face à la baisse des dotations de l'État, tout en proposant aux citoyens de devenir acteurs du développement de leur territoire. On assiste ainsi à une mise en commun des outils de la *civic tech*, qui permettent d'améliorer le système politique et les liens entre les citoyens et le gouvernement, et de la fintech, qui permettent de repenser le modèle de la finance grâce à l'innovation technologique, avec comme ambition d'accélérer la démocratie participative et le financement de projets par les citoyens.

En France, la première plate-forme de financement participatif à destination des collectivités territoriales, Collecticity, a vu le jour en 2016. Elle a pour objectif de permettre aux collectivités publiques de lever des fonds auprès des citoyens pour des projets d'intérêt public. La plate-forme fait valoir l'intérêt qu'il y a à pouvoir donner du sens à son épargne et à investir pour son avenir, et à la collectivité la possibilité de dynamiser son territoire, tout en impliquant ses habitants et en créant du lien social. Créer un équipement sportif, rénover une église, restaurer un monument, développer un service de transport municipal innovant, installer des panneaux photovoltaïques, construire un projet d'habitat écoresponsable sont autant de projets présentés sur la plate-forme. Alors que les collectivités locales ont recours chaque année à l'emprunt bancaire pour pouvoir financer leurs projets, que l'encours de leur dette atteignait 148,5 milliards d'euros en 2016, avec une frilosité des banques toujours croissante, le *civic crowdfunding* apparaît comme une nouvelle option pour investir dans des projets d'intérêt public, avec la promesse pour le citoyen contributeur de percevoir des intérêts tout en jouissant d'une nouvelle infrastructure près de chez lui.

Selon Pascal Mangin, président de la commission culture de la région Grand Est, le crowdfunding ne doit cependant pas se substituer au financement public, mais doit plutôt être envisagé comme un mode de financement complémentaire. En quoi il rejoint Ethan Zuckerman, directeur du Center for Civic Media au Massachusetts Institute of Technology (MIT) qui, sur son blog, indique qu'il faudrait « éviter de véhiculer cette idée que le financement participatif est un remède à l'inaction et à l'échec du gouvernement. Il faut des projets qui incitent le gouvernement à agir par les leviers qu'il a en sa possession, qui soient force de proposition, mais il revient aux pouvoirs publics d'agir *in fine* ». De son côté, Florence de Maupeou, coordinatrice générale de FPF, indique qu'au-delà de l'intérêt financier, le recours au crowdfunding par les communautés territoriales répond également au besoin de démocratisation, d'implication et de transparence formulé par les citoyens. Si, dit-elle, les collectivités recourent encore assez peu au crowdfunding, notamment parce que les règles de la comptabilité publique ne prévoient pas de dispositions spécifiques à de telles opérations – et parce qu'il s'agit encore d'insuffler aux élus locaux une culture du financement alternatif et de l'innovation financière –, le crowdfunding apparaît cependant comme un outil très pertinent à cette échelle. FPF a ainsi édité un guide à destination des collectivités, avec mise à disposition d'une convention de mandat type pour la mise en place d'une campagne de financement participatif. Rédigé par plusieurs acteurs du financement participatif, ce guide est un outil pratique qui permet de mieux comprendre les enjeux du financement participatif pour un territoire souhaitant témoigner de son dynamisme et mobiliser ses entreprises et ses citoyens.

En Angleterre, un partenariat a été noué à Londres entre les trente-deux arrondissements de la capitale anglaise et le site Spacehive pour développer des projets urbains de proximité.

Dans une logique similaire aux campagnes de crowdfunding dont le succès suppose un plébiscite des projets par la foule, la mairie de Paris a également lancé le site BudgetParticipatif.paris.fr qui propose aux Parisiens de décider de l'utilisation de 5 % du budget d'investissement entre 2014 et 2020 en votant pour des projets présentés par les habitants. Le financement des projets retenus par le vote populaire est alors formellement validé lors du vote du budget du Conseil de Paris. Si les habitants ne financent pas directement les projets sur la plate-forme, l'exemple est cependant instructif dans la mesure où il témoigne de la participation des habitants au fléchage de l'investissement municipal.

La plate-forme Ioby aux États-Unis mobilise quant à elle les voisins qui ont de bonnes idées et qui sont désireux de voir leurs propres quartiers changer. Convaincue que les habitants peuvent être forces de propositions innovantes, la plate-forme les invite à déposer leurs projets et, forts du succès de leur collecte, à se manifester ensuite auprès de la ville. L'un de leurs projets phares est la conversion, à San Francisco, de terrains en parcs publics pour les communautés latino-américaines. Si le financement participatif n'a pas suffi, la mobilisation suscitée lors de cette campagne a permis à la communauté latino d'être entendue et d'être intégrée comme partie prenante des consultations menées dans le cadre d'une coopération inédite entre la ville et les citoyens.

Innovation urbaine et citoyenne, le *civic crowdfunding* paraît donc être l'outil idéal pour inventer de nouvelles solutions et coconstruire des biens communs en renforçant le lien social à l'échelle des quartiers. Ainsi, l'association française Co-city, plate-forme de crowdfunding dont l'objectif est de présenter des initiatives citoyennes locales favorisant une ville durable et inclusive, travaille depuis 2016 avec le budget participatif de la Ville de Paris pour faciliter l'émergence de projets d'habitants dans les quartiers populaires. Maud Franca, directrice adjointe du programme d'investissements d'avenir (PIA) à la Caisse des dépôts, voit également dans le crowdfunding un outil de financement à envisager pour cofinancer les biens communs. Si l'innovation est souvent associée à la technologie, elle précise qu'elle se traduit d'un point de vue territorial de plus en plus par la recherche d'une co-construction avec les citoyens, mais aussi par le recours à de nouveaux modes de financement, permettant aux habitants de cofinancer des biens communs, dans une logique d'engagement responsable. C'est ainsi, indique-t-elle, que certaines villes européennes ont développé de nouvelles formes de participation citoyenne, comme Paris ou Barcelone, où un nouveau modèle a émergé, appelé « matchfunding », qui permet aux citoyens de soutenir vingt-quatre projets émanant de la société civile, dans des secteurs variés, dont l'agroécologie, la technologie, les biens communs ou encore l'économie sociale et solidaire. La Fondation Goteo, en collaboration avec le Conseil municipal de Barcelone, permet à chacun de décider de l'utilisation de l'argent public et à la ville de légitimer ses budgets, en abondant des projets plébiscités par le public. Selon Maud Franca, alors que le bien commun peut désormais se penser collectivement, le financement par les acteurs publics de nouveaux modes de développement économique et social pourrait tout à fait être couplé à un financement par crowdfunding, avec l'ambition d'associer et d'impliquer davantage la population dans la conception des villes et territoires de demain.

Si le *civic crowdfunding* semble être l'arme anti-crise idéale, parée d'une dimension démocratique certaine, son développement pose cependant de nombreuses questions. On peut ainsi légitimement se demander si un désengagement croissant de l'État, sous couvert de développer le *civic crowdfunding*, ne risquerait pas de creuser les inégalités territoriales, le financement participatif urbain ayant tendance à favoriser les quartiers riches au détriment des quartiers pauvres, eu égard au pouvoir d'achat de leurs habitants.

Pour éclairer l'action des territoires sur ce sujet, FPF a réalisé en 2016 une cartographie des partenariats entre territoires et acteurs du financement participatif. Ainsi, certains territoires, comme la Corrèze (coupdepouce-correze.fr) ou l'Ardèche (projet-participatif.ardeche.fr), se sont rapprochés de plates-formes pour créer un portail numérique centralisant l'offre territoriale en financement participatif et permettant au contributeur d'avoir une vision globale des projets lancés sur son territoire. Il est ainsi invité à soutenir des projets participatifs près de chez lui. D'autres acteurs territoriaux ont lancé leurs propres plates-formes, accueillant exclusivement des projets réalisés sur le territoire, à l'instar de la plate-forme de dons Jadopteunprojet.com en région Nouvelle-Aquitaine, créée à l'initiative d'un collectif d'acteurs locaux de l'économie sociale et solidaire. Rennes Métropole a choisi d'innover avec l'opération « La dynamo culturelle », en partenariat avec Proarti.fr. Elle propose au grand public de devenir pro-acteur en soutenant et en finançant les projets culturels qu'il souhaite voir émerger sur son territoire. Les porteurs de projets qui ont réussi leur collecte reçoivent une dotation complémentaire de Rennes Métropole.

Toutes ces initiatives permettent d'orienter l'épargne vers le développement territorial, d'augmenter le niveau d'engagement des citoyens, en donnant du sens à leur épargne, et ce, avec l'implication de l'ensemble des acteurs de l'écosystème : collectivités et opérateurs classiques de l'accompagnement à l'entrepreneuriat.

III. – Vers une hybridation des modèles de production et de commercialisation ?

Avec le développement des technologies numériques, notre rapport à la culture et aux savoirs a changé. Si les innovations technologiques ont fait tomber les frontières entre pratiques amateurs et pratiques professionnelles, en mettant à disposition de tous des outils qui permettent d'apprendre les processus de créations, les plates-formes de crowdfunding ont de leur côté démocratisé l'accès au financement de la création et concourent au développement de nouveaux modèles de production et de diffusion des contenus culturels. Comme le souligne Adrien Aumont, cofondateur de KissKissBankBank, cela nécessite cependant un accompagnement et une montée en compétence des porteurs de projets. De nombreuses plates-formes se sont ainsi dotées d'une équipe d'experts sectoriels, afin d'accompagner au mieux les porteurs de projets dans l'animation de leurs campagnes. Un créateur qui déciderait de conduire son projet de manière totalement autonome devrait ainsi apprendre différents métiers – de la gestion à la commercialisation, en passant par le marketing ou la communication –, essentiels pour mobiliser une communauté.

Alors que le créateur ou le porteur de projet peut désormais être en relation directe avec son public et mener son projet culturel de manière indépendante, on peut s'interroger sur les risques de désintermédiation du secteur culturel, rendue possible grâce au crowdfunding. Sandrine Bubendorff, doctorante en sociologie à l'université de Strasbourg, indique ainsi, dans son article « Le financement participatif, dispositif de désintermédiation du processus de création ? », que le financement participatif permet l'autoproduction, fruit d'un couplage entre l'investissement personnel financier du porteur de projet et celui des contributeurs, l'intervention d'autres intermédiaires devenant accessoire. En effet, grâce à la constitution d'une communauté qui devient ambassadrice du projet en amont de sa réalisation, le rôle du producteur qui participe habituellement au « processus de valorisation marchande des contenus » s'affaiblit. On peut également faire état d'une désintermédiation au niveau de la diffusion de l'œuvre, celle-ci étant assurée lors de la campagne de financement participatif par le porteur de projet lui-même. Enfin, le crowdfunding apparaît également comme un moyen de proposer son produit culturel en prévente auprès d'une communauté virtuelle plus large, permettant ainsi de se passer de l'intervention d'un tiers pour la diffusion-distribution.

Cependant, si le crowdfunding a favorisé l'émergence d'un mode de production désintermédié, il s'avère que la chaîne de production traditionnelle ne disparaît pas de tous les projets, et que les intermédiaires habituels sont encore souvent indispensables à une diffusion plus large du projet dans l'espace et le temps. D'autre part, si l'idée d'une désintermédiation séduit de nombreux porteurs de projets, qui y voient le secret de l'indépendance et de la liberté de création, elle peut aussi être vécue comme une source de contraintes. Après avoir financé quatre projets en crowdfunding sur la plate-forme collaborative Sandawe, Nicolas Vadot, dessinateur de presse, éditorialiste et auteur de bande dessinée, souligne que, si le recours au financement participatif lui a permis d'acquérir de nouvelles compétences et de devenir plus indépendant, l'organisation de ses campagnes a été lourde et très chronophage. Il indique également que le montant des dons avec contreparties diminuait au fil des campagnes, alors que ses ventes en librairies post-campagne augmentaient. Dans ce cas bien précis, c'est donc l'intervention d'un intermédiaire issu de la chaîne traditionnelle de l'édition, le libraire, qui a permis au projet initialement financé par financement participatif de continuer à être diffusé auprès du public, au-delà de la communauté préalablement constituée lors de la campagne de crowdfunding. Conscientes du rôle important des acteurs traditionnels de l'industrie culturelle pour une diffusion optimale des projets financés par crowdfunding, les plates-formes multiplient donc les partenariats avec les grandes manifestations culturelles, comme le Festival d'Avignon ou encore le Festival international de la bande dessinée d'Angoulême qui soutient, pendant le temps de la manifestation, les projets de maisons d'édition, d'associations et d'auteurs qui ont retenu l'intérêt de sa direction artistique. Adrien Aumont, plutôt que d'opposer les deux modèles que seraient, d'une part, la production « *do-it-yourself* » rendue possible par les plates-formes de financement participatif et, d'autre part, le modèle de production traditionnel proposé par les industries culturelles – où le créateur est accompagné d'un producteur, d'un éditeur ou encore d'un booker de tournées –, préfère parler d'hybridation des modèles de production et de commercialisation.

Si les créateurs et les indépendants restent les premiers utilisateurs du crowdfunding, de nombreux acteurs des industries culturelles et créatives, maisons d'édition, producteurs de cinéma, ont également bien compris l'intérêt d'ajouter le crowdfunding à leur champ de compétences et d'y recourir pour certains projets. C'est ainsi que PeopleForCinema.com, racheté en 2013 par Ulule, a levé plus de 2 millions d'euros, contribuant à financer le budget de distribution d'une quarantaine de films dont *Polisse* de Maïwenn ou encore *Habemus papam* de Nanni Moretti, et que plusieurs grosses productions américaines ont collecté des sommes importantes sur Kickstarter, à l'instar du dessin animé *The Goon*, coproduit par le réalisateur et producteur américain David Fincher, qui a recueilli 441 900 dollars, émanant de 7 576 contributeurs.

IV. – Quel avenir pour le crowdfunding ?

1. **La blockchain.** – Le financement participatif innove sur le plan technique, et certains acteurs du secteur investissent dans la blockchain, technologie qui permet le stockage et la transmission d'informations, sécurisée et transparente, sans organe central de contrôle. Grâce à la constitution d'un registre qui contient l'historique des transactions partagées entre

les utilisateurs, l'état des transactions peut ainsi être maintenu à jour par la communauté des utilisateurs, sans qu'il soit besoin d'avoir recours à la banque centrale comme tiers de confiance.

L'ordonnance n° 2016-520 du 28 avril 2016 relative aux bons de caisse a lancé les minibons en précisant que l'émission et la cession de minibons pouvaient être inscrites dans un dispositif d'enregistrement électronique, ouvrant ainsi la porte à l'utilisation de la blockchain (article L.223-12). Le recours à cette technologie permettrait par conséquent d'envisager l'organisation d'un marché secondaire de manière sécurisée et peu coûteuse. BNP Paribas Securities Services et SmartAngels expérimentent ainsi depuis 2016 un outil de tenue de registre des actionnaires permettant d'établir une relation fluide, sécurisée et instantanée, entre les émetteurs et les actionnaires. Selon Benoit Bazzocchi, fondateur de SmartAngels, « seuls quelques milliers d'entreprises sont aujourd'hui cotées sur des marchés financiers en Europe. L'intégration de blockchain sur les plates-formes de crowdfunding permettrait à des centaines de milliers de start-up et de PME de se financer rapidement et à faible coût auprès des investisseurs particuliers et professionnels ».

En 2017, la Caisse des dépôts et consignations et FPF ont également annoncé travailler sur une infrastructure blockchain afin de faciliter les émissions de titres participatifs et leur échange sur le marché secondaire. Si ces projets n'en sont encore qu'au stade expérimental, leur développement permettrait à terme aux entreprises non cotées de digitaliser leurs titres financiers et de les échanger directement sur les plates-formes, tout en offrant des perspectives de liquidité aux investisseurs. Alors qu'il est difficile aujourd'hui pour les plates-formes d'investissement de développer un marché secondaire rentable et que de nombreux investisseurs hésitent encore à investir sur les plates-formes d'*equity* de crainte de ne pouvoir céder leurs titres avant échéance, ce système constituerait sans aucun doute une avancée considérable.

Si « les technologies telles que les chaînes de blocs peuvent entraîner des mutations profondes dans les services financiers, selon Mme Mariya Gabriel, commissaire pour l'économie et la société numérique, il est cependant nécessaire de mettre en place un cadre propice à l'innovation, tout en maîtrisant les risques et en protégeant les consommateurs ». C'est ainsi que la Commission européenne a créé l'Observatoire-forum des chaînes de blocs qui présentera en 2018 un rapport sur les problèmes et les potentialités des actifs cryptographiques, et élaborera une stratégie globale en matière de technologie des registres distribués et de chaînes de blocs, couvrant tous les secteurs de l'économie.

2. **Le Bitcoin.** – Certaines plates-formes de crowdfunding, comme FundFlyer, fonctionnent avec des cryptomonnaies. Ces monnaies étant internationales et virtuelles, elles sont utilisables n'importe où dans le monde et sont transférables d'un pays à l'autre à moindre coût, sans intermédiaires financiers, avec cependant une limite : comme elles sont dérégulées, la confiance qu'on leur accorde est encore faible et leur cours est volatil.

Sur les plates-formes de crowdfunding en Bitcoins qui fonctionnent sur le modèle des Initial Coin Offerings (ICO), le porteur de projet lève des fonds en cryptomonnaie auprès de plusieurs contributeurs qui, en contrepartie, reçoivent des parts de la société, lesquelles parts ne sont pas des actions mais des actifs digitaux qui peuvent être assortis de droits (droit de vote, droit de partage des profits, de gouvernance, etc.). Les ICO permettent ainsi de lever de l'argent simplement, en un minimum de temps, et pour le moment sans contrôle. La valorisation de la société dépendra donc des échanges des tokens[1] mais aussi de l'évolution du cours des monnaies virtuelles. C'est grâce à ce système que la plate-forme Swarm s'est financée en juillet 2014, levant 1 million de dollars en Bitcoins, chaque investisseur recevant des Swarmcoins proportionnellement à son investissement. Ces pièces virtuelles, dont la valeur évolue avec celle de l'entreprise, peuvent être revendues et permettent aussi aux investisseurs de participer à la gouvernance de la société. Swarm utilise à cet effet la blockchain, registre virtuel qui enregistre toutes les transactions effectuées en bitcoins. Swarm enregistre ses échanges avec les investisseurs sur un registre partagé par tous les membres de son assemblée générale digitale, avec une vraie innovation en matière de gouvernance d'entreprise. En avril 2017, la start-up franco-chinoise iExec, basée à Lyon, a également réussi à financer son projet d'infrastructure cloud décentralisée en levant 12 millions de dollars grâce à un crowdfunding en Bitcoins et en Ethers. Le 12 décembre 2017, la plate-forme de crowdfunding Indiegogo, pionnière dans son domaine, a annoncé qu'elle allait utiliser les cryptomonnaies et les ICO. Ce dispositif de financement permet d'aller encore plus loin dans la démocratisation

1. Actif numérique émis et échangeable sur une blockchain.

de la finance dans le monde entier. Selon Indiegogo, il s'agit d'une autre manière de faire du crowdfunding, appelée « crowdsale ».

Alors que plusieurs professionnels de la blockchain en France s'inquiètent de l'engouement pour ce mode de financement adopté en dehors de tout cadre réglementaire, l'AMF a organisé une consultation publique sur la question de la régulation des ICO, qui s'est terminée le 22 décembre 2017. En juin 2018, le Trésor et l'AMF ont présenté les dispositions du futur projet de loi PACTE sur les ICO. La France souhaitant faire preuve d'innovation sur ce sujet, il s'agirait de mettre en place un cadre souple pour les émissions initiales de jetons et d'être dans une logique de « liste blanche », l'AMF octroyant un visa – gage de crédibilité – aux porteurs de projets qui en feraient la demande.

En juillet 2018, Jean-Pierre Landau, qui a conduit une mission sur les cryptomonnaies à la demande du gouvernement, a de son côté remis un rapport dans lequel il indique qu'une « réglementation directe n'est pas souhaitable, car elle obligerait à définir, à classer et donc à rigidifier des objets essentiellement mouvants et encore non identifiés ». Il convient par conséquent d'être attentif aux dispositifs règlementaires et aux mesures fiscales qui seront intégrées dans le projet de loi PACTE, examiné au Parlement en septembre 2018.

Conclusion

Le financement participatif a aujourd'hui trouvé sa place dans le paysage du financement, dans un environnement en mutation permanente. Il répond à l'aspiration des investisseurs à donner du sens à leur épargne à l'échelle territoriale et au souhait des porteurs de projets d'accéder à une forme de financement complémentaire et désintermédié. De sa capacité à fédérer de nouveaux acteurs (porteurs de projets et contributeurs), à intégrer les innovations technologiques (blockchain, cryptomonnaies, etc.), à assurer une plus grande liquidité du marché aux investisseurs mais aussi à essaimer dans les pays émergents, dépendra sans doute son évolution future. La volonté des États de proposer une réglementation qui protège les contributeurs des risques inhérents à cette activité, tout en créant un cadre juridique et fiscal favorable au secteur, participera également à consolider sa place dans l'économie mondiale. Alors que l'écosystème du crowdfunding réunit aujourd'hui des grandes plates-formes leaders sur leur segment et des plates-formes de niches, l'arrivée d'acteurs internationaux, comme Facebook ou encore Alibaba en Chine, et le développement de technologies, comme celle de la blockchain qui pourrait permettre de décentraliser et de désintermédier le capital-risque, pourraient à l'avenir bouleverser le paysage du financement participatif mondial.

LISTE DES PRINCIPAUX SIGLES

ACPR Autorité de contrôle prudentiel et de résolution
AFIP Association française de l'investissement participatif
AMF Autorité des marchés financiers
AON *All or nothing*
APSP Agent prestataire de services de paiement
BPI Banque publique d'investissement
CIP Conseiller en investissement participatif
CLIC Club Innovation & Culture
CMF Conseil des marchés financiers
DGE Direction générale des entreprises
ECN European Crowdfunding Network
ECSP European Crowdfunding Services Provider
EEE Espace économique européen
EP Établissement de paiement
FPF Financement Participatif France
ICO Initial Coin Offering
IFI/ISF Impôt sur la fortune immobilière/Impôt sur la fortune
IFP Intermédiaire en financement participatif
IR Impôt sur le revenu
KIA *Keep it all*
NTIC Nouvelles technologies de l'information et de la communication
MiFID *Markets in financial instruments directive*
ORIAS Organisme pour le registre unique des intermédiaires en assurance, banque et finance
P2P *Peer to peer*
PEA Plan d'épargne en actions
PSI Prestataire de services d'investissement
SACEM Société des auteurs, compositeurs et éditeurs de musique
SARL Société à responsabilité limitée
UMC Union des marchés des capitaux

BIBLIOGRAPHIE

Admical, *Baromètre du mécénat d'entreprise 2016*.

Arnaud F., « Blockchain & Crowdfunding : le mariage inévitable », blog.wesharebonds.com.

Bubendorff S., « Le financement participatif, dispositif de désintermédiation du processus de création ? Expériences et discours des artistes », *Les Enjeux de l'information et de la communication*, 11 octobre 2014.

Burger-Helmchen T., Pénin J., « Crowdsourcing : définition, enjeux, typologie », *Management & avenir*, n° 41, 2011.

Carvajal J., « Le crowdfunding sous l'ère Macron prendra-t-il enfin son envol ? », *Les Échos*, 16 juin 2017.

Charbit C., Desmoulins G., « Civic Crowdfunding : A collective option for local public goods ? », *OECD Regional Development Working Papers*, OECD Publishing, février 2017.

Commission européenne, « Crowdfunding : Mapping EU markets and events study », ec.europa.eu, 4 novembre 2015.

–, « Union des marchés des capitaux : la Commission soutient le crowdfunding en tant que source alternative de financement pour les start-up européennes », europa.eu, 3 mai 2016.

Decarre O., « Le financement participatif fait appel à la blockchain », Boursier.com, 29 mai 2017.

Département des études et des statistiques locales-DGCL, « Les finances des collectivités locales en 2016 et 2017 », *Bulletin d'information statistique de la DGCL*, n° 118, octobre 2017.

Ferrand O., Peretz P., « Obama, une campagne révolutionnaire », *Libération*, 20 janvier 2009.

Fonteneau G., « Le crowdfunding indépendant est-il l'avenir du crowdfunding face aux plates-formes ? », www.leblogpatrimoine.com, 25 février 2016.

FPF, *Baromètre du crowdfunding 2017*.

–, « Flécher l'épargne des Français vers le financement de l'économie réelle », avec le soutien de Levin Kramer, juillet 2017.

–, « Notoriété du crowdfunding et profil des contributeurs », enquête de Financement Participatif France, du Crédit municipal de Paris et de La Banque postale, 15 mai 2018.

Goasdoué G., « Analyse sociologique et économique du financement participatif. Ressorts et critiques dans le cas du jour-

nalisme (2010-2015) », *tic&société*, vol. 10, n° 2-3, 2e semestre 2016-1er semestre 2017, p. 199-229.
Howe J., « Crowdsourcing : Why the power of the crow is driving the future of business », Crown Business, 2009.
JRH, « L'avenir du crowdlending passe par les fonds d'investissement alternatifs », www.crowdlending.fr, 14 juin 2017.
Lederer É., « L'immatériel reste complexe à financer par les banques », *Les Échos*, 16 mars 2016.
Lejoux C., « Le crowdfunding et les banques, plus complémentaires que concurrents », *La Tribune*, 10 février 2015.
Lints M., « Facebook et le financement participatif », Europa.eu, 15 mai 2017.
Massolution, *Crowdfunding Industry Report*, 2015.
Matarin Y., « Ces start-up qui lèvent des millions en quelques heures grâce au Bitcoin », Capital.fr, 21 juillet 2017.
Novafi, « Crowdfunding : un marché européen hétérogène », Novafi.fr, 9 mai 2016.
–, « Le modèle de financement participatif français doit-il s'inspirer du modèle anglo-saxon ? », Novafi.fr, 1er mars 2017.
Onnée S., Renault S., « Le crowdfunding : quels enjeux pour la construction d'un réseau communautaire », *Sciences de la société*, n° 91, 2014, p. 116-133.
Oruezabala G., « Le crowdfunding en Afrique, une nouvelle génération de tontines ? », *La Tribune*, septembre 2016.
Perreau C., « Face à un État grippe-sou, les villes se tournent vers le financement participatif », *JDN*, 31 mai 2017.
–, « Le crowdfunding entre dans l'ère de la consolidation », *JDN*, 29 septembre 2017.
Redman J., « Crowdfunding Giant Indiegogo joins the ICO Bandwagon », News.bitcoin.com, 13 décembre 2017.
Rifkin J., « La révolution sera collaborative », *Les Échos*, 11 avril 2014.
Roch J.-B., « Des États-Unis à la Colombie, le crowdfunding vole au secours des villes », *Télérama*, 1er février 2018.
Ternynck L., « Campagnes de crowdfunding dans les lieux de patrimoine français achevées en 2018 », Club-Innovation-Culture.fr, 15 juin 2018.
Vauplane H. de, « Rifkin rattrapé par Adam Smith ou comment la finance de marché est en train de phagocyter l'économie collaborative », *Alternatives économiques* (blog), 14 décembre 2014.

Yazbek A., « La France prépare une réglementation crypto-accommodante », *Journal du Token*, 30 mai 2018.
Zuckerman E., « How do we make civic crowdfunding awesome ? », EthanZuckerman.com (blog), 10 août 2012.

REMERCIEMENTS

Pour avoir partagé leur expérience, l'auteur remercie Arnaud Burgot (Ulule), Mathieu Davout et Grégoire Harel (Proarti), Agnès Alfandari (Institut français), Michel Ivanosky (MIPISE), Florence de Maupeou (Financement Participatif France), Maud Franca (Caisse des dépôts et consignations), Adrien Aumont (KissKissBankBank), Yannig Roth (WiSEED), Bastien Goullard (Dartagnans), Pascal Mangin (Région Grand Est), ainsi qu'Éric Licoys, Marie-Françoise Laget, Caroline Span, Aurélie Rochmann, Franck Queyraud et Jean-Christophe Lemarié.

TABLE DES MATIÈRES

Composition et mise en pages
Nord Compo à Villeneuve-d'Ascq

Imprimé en France
par la Nouvelle Imprimerie Laballery
rue Louis Blériot 58500 Clamecy
novembre 2018 - N° 810218

La Nouvelle Imprimerie Laballery est titulaire de la marque Imprim'Vert®